TRIBUTO A

MADONNA

ELAINE FREITAS

Universo dos Livros Editora Ltda.
Rua do Bosque, 1589 - Bloco 2 - Conj. 603/606
Barra Funda - São Paulo/SP - CEP 01136-001
Telefone/Fax: (11) 3392-3336
www.universodoslivros.com.br
e-mail: editor@universodoslivros.com.br
Siga-nos no Twitter: @univdoslivros

TRIBUTO A MADONNA

ELAINE FREITAS

São Paulo
2012

UNIVERSO DOS LIVROS

Diretor editorial
Luis Matos

Editora-chefe
Marcia Batista

Assistentes editoriais
Bóris Fatigati
Raíça Augusto
Raquel Nakasone

Revisão
Fabiana Chiotolli

Arte
Francine C. Silva
Karine Barbosa

Capa
Zuleika Iamashita

Foto da capa
Dani Pozo / AFP

Dados Internacionais de Catalogação na Publicação (CIP)
(Câmara Brasileira do Livro, SP, Brasil)

F866t Freitas, Elaine.
Tributo a Madonna / Elaine Freitas. – São Paulo : Universo dos Livros, 2012.
144 p.

ISBN 978-85-7930-252-7

1. Madonna (1958-). 2. Biografia. 3. Cantoras.
I. Título.

CDD 927.8164

Sumário

ão

Ame ou odeie. Não dá para ser indiferente quando o assunto é a Rainha do Pop. Madonna Louise Veronica Ciccone, conhecida mundialmente como Madonna, iniciou sua carreira em 1983. Mas o que ainda leva multidões a acompanhar e a aguardar ansiosamente novos trabalhos dela? O que faz as novas cantoras do pop tentarem ser como ela? O que essa leonina tem que transforma a mente e enlouquece milhares de fãs fiéis?

Magra, baixa, com um espacinho entre os dois dentes da frente, olhos verdes encantadores. Ela podia ser uma pessoa comum. Mas não é. Mulher incansável, workaholic, jamais desistiria de seus objetivos.

Ansiosa, não esperou nada cair do céu. Foi atrás. Com isso, conseguiu feitos invejáveis, como se tornar a cantora melhor remunerada da indústria musical, ser a artista com a turnê mais rentável de todos os tempos, ter a maior quantidade de álbuns Número 1 no Reino Unido e ser, segundo o *Guinness World Records*, a cantora mais bem-sucedida da história, vendendo 200 milhões de álbuns e 100 milhões de singles em todo o mundo.

São treze álbuns de estúdio, seis compilações, três CDs ao vivo, nove turnês mundiais, DVDs, filmes, livros infantis, trilhas sonoras, dezenas de clipes, centenas de singles... E, por que não, existe também a Madonna empresária, que foi dona de uma gravadora e agora pretende lançar uma rede mundial de academias.

Há muito para ser dito a respeito dela. Por isso, a Universo dos Livros publica esta biografia dedicada exclusivamente à sua vida profissional, não envolvendo questões pessoais, a não ser aquelas que influenciaram diretamente sua carreira. As citações ao longo do texto foram extraídas de entrevistas e depoimentos a diversas fontes. As referências bibliográficas consultadas estão listadas no final do livro. A ordem cronológica foi deixada de lado: separamos a história da Rainha do Pop em capítulos que tratam de episódios de sua infância que a conduziram à sua carreira, a partida para Nova York em busca do sucesso, a escalada para a fama, os álbuns, os filmes e as turnês, as polêmicas causadas, a influência que teve na moda, os trabalhos realizados em outras áreas (como literatura), finalizando com um texto que busca entender por que ela exerce esse fascínio sobre milhões de fãs em todo o mundo.

1

Quero ser diferente

Seis crianças em casa. Para diminuir a bagunça, que era inevitável com tantos filhos, Madonna Fortin Ciccone e Silvio (Tony) Ciccone precisavam mesmo de muita disciplina. A maneira que encontraram foi ocupar o tempo da meninada. Todos os dias de manhã, as crianças iam para a igreja antes de ir à escola. Quando chegavam, tinham tarefas como arrumar a casa, fazer lição ou qualquer outra coisa que não deixasse ninguém com tempo livre.

A mais velha entre as meninas da casa era Madonna Louise Veronica Ciccone, que herdara o nome da mãe e, para se diferenciar, ganhara o apelido de Nonni. Ela tinha um grande sonho desde pequenininha: queria ser diferente. No meio de tantos irmãos, não sabia ainda como atingir esse objetivo, e, com a criação rígida dos pais, tinha cada vez menos tempo para si mesma e para seus sonhos de menina.

Nonni odiava quando alguém lhe dizia o que fazer, mesmo sendo seus pais: "Quando criança, achava que o mundo me pertencia, que havia uma estrada pronta para mim, cheia de oportunidades. Minha postura foi a de conhecer o mundo e fazer todas as coisas que quisesse, fossem quais fossem".[1] Talvez essa ideia a tenha levado a sempre se comportar de maneira diferente da de seus irmãos e irmãs. Quando sua mãe, ou posteriormente sua madrasta, obrigava as crianças a vestirem roupas idênticas, a menina retrucava. Se não conseguisse convencê-las, usava sua criatividade para se diferenciar das irmãs: rasgava as meias e as emendava com alfinetes, amarrava pedaços de panos nos cabelos.

Quando a família se reunia para assistir ao noticiário, Nonni subia na mesa e dançava, imitando Shirley Temple. Se ninguém lhe desse a atenção que julgava conveniente,

---

1 Mick St. Michael, *Madonna "Talking" – Madonna in Her Own Words*, p. 16.

levantava o vestido e mostrava a calcinha. E conseguia o que queria: era o divertimento da família.

A matriarca dos Ciccone era especial para a pequena menina que gostava de chamar a atenção. A mãe de Madonna era gentil e educada com todos, brincava com as crianças e era muito religiosa. "Lembro-me da minha mãe na cozinha, esfregando o chão. Ela fazia todo o serviço de casa e cuidava da gente. Nós fazíamos muita bagunça, éramos terríveis", disse Madonna em sua primeira entrevista à revista *Time* após a fama, em maio de 1985. Mesmo assim, sua mãe nunca gritava com os filhos.

Com o passar do tempo, Madonna Fortin Ciccone foi ficando fraca e não conseguia nem mesmo se levantar, quanto menos brincar com as crianças. A pequena Nonni, com apenas cinco anos, percebia que algo estava errado. Sentava-se no colo da mãe, puxava seus cabelos, chorava e implorava por alguns momentos de brincadeiras. "Eu percebia que algo estava errado porque ela parou de fazer tudo o que tinha costume de fazer, sentava-se no sofá, exausta. Eu queria que ela brincasse comigo e fizesse todas as coisas que sempre fizera." Madonna continuou: "Lembro-me de me sentir mais forte do que ela. Eu era muito pequena, colocava meus braços ao seu redor e sentia seu corpo fraco, parecia que ela era a criança, e não eu. Parei de atormentá-la depois disso. Acho que isso me fez amadurecer logo".

Pouco tempo depois, Nonni foi visitar a mãe no hospital. Era o dia 1º de dezembro de 1963. Uma hora depois da visita, Madonna Fortin morreu de câncer. Difícil para uma criança de cinco anos entender o fato, mas o pior é que ninguém se preocupou em explicar: o pai disse apenas que ela morrera e jamais falou qualquer outra palavra. "Fiquei esperando pela volta de minha mãe",[2] contou Madonna, já depois da fama.

Se o desejo de ser diferente já era grande, após a morte de sua mãe parece ter crescido consideravelmente. A tragédia foi fator determinante para que a pequena Nonni se transformasse em uma cantora pop famosa em todo o mundo: "A morte de minha mãe me deixou com certa solidão, um anseio profundo por alguma coisa. Se eu não tivesse esse vazio, não teria tanta determinação",[3] explicou.

Se Madonna tivesse crescido ao lado da mãe religiosa, poderia ter se tornado qualquer coisa, menos uma cantora pop. Poderia até mesmo ser uma freira, algo que cogitou na infância. Em uma entrevista, ela explica o que a falta da mãe causou em sua vida: com a perda, ela se tornou mais capaz de se expressar e não se intimidar. "Eu sei que a falta de inibição vem da morte de minha mãe. Por exemplo, mães ensinam boas maneiras. Eu não aprendi nada dessas regras de educação e comportamento."[4]

Já é conhecido que a infância determina muitas características da vida sentimental e pessoal. No caso de Madonna, a vida profissional também nasceu de forma consistente em seus primeiros anos de vida. Não dá para negar a influência da morte de sua mãe em sua carreira, não apenas pelas letras de música que lamentam a ausência da matriarca, como "Mother and Father" e "Promise to Try", mas por essa falta de inibição descrita por ela mesma.

O rigor com que o pai manteve a família após a morte da mãe foi outro fator determinante para levar Madonna ao estrelato. Parece contraditório, pois Tony Ciccone não

---

[2] J. Randy Taraborrelli, *Madonna, uma biografia íntima*, p. 31.

[3] Christopher Andersen, *Madonna, uma biografia não-autorizada*, p. 25.

[4] Lucy O'Brien, *Madonna 50 anos*, p. 29.

deixava ninguém fazer nada em casa. Obrigava as crianças a terem aulas de música, enquanto a menina queria se remexer em aulas de dança. No entanto, a disciplina ensinada pelo pai foi útil não apenas quando iniciou a carreira de dançarina, mas também no momento de gravar discos, preparar-se para shows ou mesmo atuar em um filme. A busca pelo vigor físico, por sua vez, uma das características mais marcantes de Madonna mesmo depois de completar cinquenta anos, veio do fato de ver a mãe tão fragilizada em razão do câncer.

Para vencer a disciplina do pai, aprendeu a usar seu charme desde cedo. Tirava as melhores notas entre os seis irmãos e utilizava isso para conseguir o que queria. Sentava-se no colo do pai, fazia mil carinhos, encantava-o e convencia-o. "Eu era a favorita dele", contou. Foi assim que trocou as obrigatórias aulas de piano por um curso de dança. Com a morte da mãe, precisou ainda mais da atenção do pai. "Como todas as meninas, eu era apaixonada por meu pai e não queria perdê-lo. Perdi minha mãe, mas depois *me tornei a mãe* e papai era meu. Eu era muito competitiva, e meus irmãos e irmãs me odiavam por isso."[5]

Como era a menina mais velha, tinha de cuidar dos irmãos mais novos e se sentia no papel da mãe de família, apesar de tão pequena. Por isso, um fato novo ocorrido três anos após a morte de Madonna Fortin deixaria Nonni extremamente chateada. Era 1966 quando Tony resolveu se casar com Joan Gostafson, uma das várias governantas que trabalharam na casa da família Ciccone.

Esse foi outro fator determinante para que Madonna viesse a ser obstinada em se tornar famosa. Naquele momento, decidiu que não ia mais precisar de ninguém, que

---

[5] Christopher Andersen, *Madonna, uma biografia não-autorizada*, p. 23.

não ia mais deixar outra pessoa partir seu coração. Não que odiasse sua madrasta, mas ela simplesmente não suportava perder a atenção de seu pai e não entendia por que Tony obrigava as crianças a chamarem Joan de mãe.

Todos esses fatores podem nos levar a pensar que Madonna fosse uma criança deprimida, tímida, isolada dos colegas. Mas não. Mesmo após a morte da mãe e o novo casamento do pai, ela era uma menina animada, querida por todos, que atraía olhares de crianças e adultos com suas danças, acrobacias e com seu estilo sempre falante. Aos onze anos deixou todos em estado de choque na escola durante uma apresentação: vestiu um biquíni sob um casaco pintado com tinta fluorescente verde e fez dança a go-go. O resultado foi um castigo que durou duas semanas.

E ela continuou sendo popular até o primeiro ano do ensino médio, época em que era líder de torcida. De repente, cortou os cabelos, passou a fazer parte de um grupo de teatro amador, o International Thespian Society, e também parou de depilar as pernas e as axilas. "Sentia-me como um peixe fora d'água. Continuava enxergando a mim mesma através dos olhos do macho heterossexual. E por ser uma mulher de temperamento realmente agressivo, os garotos me achavam estranha." Mas nas apresentações de teatro, ela já era o foco de todas as atenções. Parecia ter um brilho natural, uma personalidade vibrante, um carisma que a diferenciava de todos. Quem a conhecia na época dizia que ela tinha tudo para se tornar uma pessoa famosa.

Aos catorze anos, com a recomendação de uma amiga, passou a tomar aulas de dança na Rochester School of Ballet. Esse foi outro momento decisivo, um pontapé inicial na carreira: seu professor era Christopher Flynn, primeira pessoa a dizer que ela era especial. Com Christopher, Madonna percebeu que não apenas *poderia* ser, como já *era* diferente:

– Meu Deus! – disse o professor. – Como você é linda.

– O quê? – perguntou Madonna, fazendo de conta que não tinha escutado.

– Seu rosto parece saído da Antiguidade.

– Por que diz isso?

– Porque é verdade – completou Christopher. – Não é de beleza física que estou falando, mas de algo mais profundo. Acredite.

– Mas eu acredito – disse Madonna. – Eu já tinha percebido, só não sabia se alguém tinha reparado também.

Foi a aprovação que ela precisava para começar a buscar seus objetivos. E, naquele momento, seu objetivo era ser dançarina. Não importava quais obstáculos precisaria enfrentar, e, entre eles, estava seu pai.

Tony Ciccone não poderia admitir que um de seus filhos seguisse o caminho da dança. Quando Madonna terminou o ensino médio em 1976, com dezessete anos, Christopher Flynn já havia se tornado professor de dança na Universidade de Michigan e quis levar sua pupila. Madonna insistiu e convenceu o pai. Fez a prova e, ainda em 1976, matriculou-se na universidade.

Logo ganhou uma bolsa de estudos para dançar com a Alvin Ailey American Dance Theater por seis meses em Nova York. Voltando a Michigan, a ansiedade da garota falou mais alto e ela quis abandonar o curso para tentar a vida na grande cidade. Cursou apenas um ano e meio na Universidade de Michigan e, incentivada por seu mentor, Christopher Flynn, fez as malas e foi para Nova York.

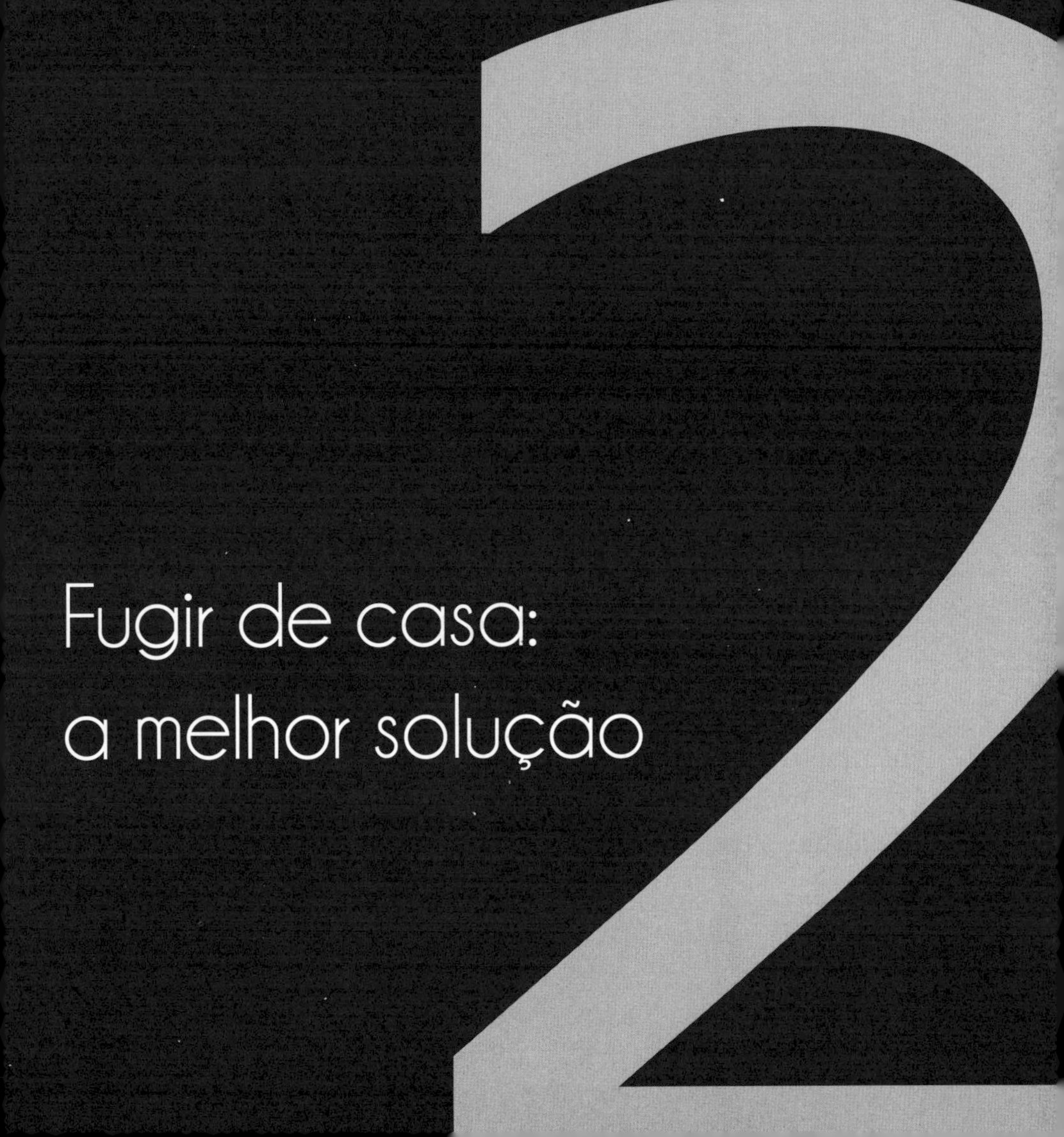

Fugir de casa: a melhor solução

Se para uma criança se tornar *pop star* fosse indispensável passar por alguns "padrões" comuns nesse meio, Madonna nunca seria famosa. A lenta escalada da menina do Michigan para a fama não tem nada de clichê. Ela não foi daquelas crianças lindas que faziam comerciais ou poses na televisão. Não participou de desfiles de miss. Não cantava na igreja ou em programas infantis. Não é filha de pais famosos, nem mesmo ricos. Como vimos, sua infância foi comum.

Por isso, pode-se dizer que a fama de Madonna deve-se apenas a ela mesma: à sua ousadia, à sua ansiedade e à coragem de tomar decisões que fazem toda a diferença. E a decisão que mais fez diferença na futura carreira da jovem foi tomada em julho de 1978, quando ainda não completara vinte anos de idade.

Parecia loucura. E era, principalmente para Tony Ciccone, seu pai. Mas ela fez as malas e se mudou para Nova York sem ter onde ficar ou uma forma de ganhar dinheiro. Mais tarde, já famosa, disse que chegara na cidade grande com apenas uma mala e 35 dólares, fato desmentido por seu irmão Christopher Ciccone, em uma biografia.[6] Mesmo que tivesse 200 dólares, não deixaria de ser ousadia da jovem o fato de ter abandonado estudos e família por um futuro incerto.

Incerto para todos, menos para ela. Madonna tinha certeza de que ia chegar "lá", embora não soubesse ainda onde era, exatamente, esse "lá" que tanto almejava. Não importava, ela tinha pressa. Mesmo que para isso tivesse de comer pipoca todos os dias para saciar a fome.

Ao desembarcar no aeroporto de Nova York, Madonna pediu que o taxista a levasse ao centro de tudo. Ele a deixou

---

[6] Christopher Ciccone, *A vida com minha irmã Madonna.*

na Times Square. Andou sem rumo, puxou conversa com quem encontrasse na rua e passou as primeiras noites no apartamento de um desconhecido. Logo arrumou um emprego no Dunkin' Donuts e alugou, por uma pechincha, uma espelunca cheia de baratas.

Mais tarde, exagerando seu sofrimento para conseguir fama, Madonna concederia entrevistas em que diria ter revirado latas de lixo para encontrar comida. Esse é outro fato questionado não apenas por seu irmão, Christopher Ciccone, em *A vida com minha irmã Madonna*, mas por outros biógrafos da estrela. Os Ciccone não eram pobres e, embora Tony não aprovasse a mudança de sua menina mais velha para Nova York, ele jamais a deixaria sem dinheiro. Isso não significa que a vida de Madonna na Big Apple tenha sido fácil. Ela realmente morou em lugares horríveis, caindo aos pedaços. Trabalhou como garçonete, foi chapeleira em um restaurante russo, comia pouco e não recusava bicos para sobreviver enquanto a dança não lhe dava dinheiro.

Logo após se instalar em Nova York, passou seis semanas na Carolina do Norte em um curso de técnica avançada de dança ministrado pela coreógrafa Pearl Lang. A dançarina conhecera o trabalho de Lang na Universidade de Michigan e não queria perder a oportunidade de aprender um pouco mais com ela. Eram poucas vagas para mais de trezentos concorrentes, e ela conseguiu. Após a primeira semana de aula, pediu a Pearl para arrumar uma vaga em sua companhia de dança, em Nova York. Foi assim que começou a dançar no grupo de terceira linha do Centro Americano de Dança, criado por Pearl Lang e Alvin Ailey.

Nunca satisfeita, logo começou a se achar melhor do que todo aquele mundinho do grupo de dança. Passou a enfrentar a autoridade de Pearl Lang e as duas brigavam no meio de todos os dançarinos. Claro que ela não poderia permanecer. Madonna tinha pressa e percebeu que demoraria mais de cinco anos para entrar em um grupo de dança de destaque. Foi então que cogitou trocar de carreira. Nunca havia passado por sua cabeça, mas ela pensou que talvez tivesse menos concorrência e resultados mais rápidos se começasse a cantar.

Fez testes para papéis de canto e dança em musicais e vídeos, e de atriz em filmes, mas precisava ganhar dinheiro e encontrou uma forma rápida: posava nua para alunos de arte, ganhando sete dólares por dia. "Eu estava em boa forma, um pouco abaixo do meu peso, por isso dava para ver minha definição muscular e meu esqueleto. Era uma das modelos favoritas por ser muito fácil de desenhar",[7] justificou, mais tarde, quando suas fotos daquela época foram publicadas sem autorização nas revistas *Playboy* e *Penthouse*.

Em um desses ensaios fotográficos, conheceu o grafiteiro Norris Burroughs, que a apresentou para os irmãos Dan e Ed Gilroy, que tinham uma banda chamada The Breakfast Club. Poucos dias depois de os conhecer, Madonna já fazia parte da banda e morava com os Gilroy em uma sinagoga interditada no Queens.

Mas ficou pouco tempo por ali. A Columbia Records fez anúncios no jornal procurando pessoas para cantar e dançar para Patrick Hernandez em shows pelo mundo. Patrick era conhecido na época pelo sucesso "Born to Be Alive". Madonna se candidatou à vaga de dançarina e conseguiu algo diferente: os produtores Jean van Loo e Jean-Claude Pallerin gostaram daquela garota ousada e quiseram levá-la para Paris e transformá-la em uma musa *disco*.

---

[7] Christopher Andersen, *Madonna, uma biografia não-autorizada*, p. 57.

Assim, em maio de 1979, com vinte anos, Madonna fez as malas mais uma vez em busca do sucesso. Essa fase ainda é obscura para os fãs, pois ela afirma não ter assinado nenhum contrato, não ter feito nenhuma gravação. Viveu, na verdade, dias de dondoca: tinha motorista particular, conheceu os melhores restaurantes, comprava as melhores e mais caras roupas e teve professor de canto. Madonna também falou sobre a experiência de outra forma: foi apresentada a franceses horrorosos como a bonequinha que fora encontrada nos esgotos de Nova York, não fazia nada de produtivo e, quando reclamava que tinha pressa em ser famosa, recebia dinheiro para calar a boca. Queriam transformá-la em uma nova Donna Summer, enquanto ela desejava ser famosa sem mudar sua personalidade.

O jeito mais fácil que encontrou para se livrar dos produtores franceses foi pedir uma passagem de ida e volta para Nova York, fingindo ter de visitar um amigo doente. Deixou todas as roupas como garantia de que voltaria. Jamais voltou. Alguns amigos relatam que, antes de sair da França, ela procurou Patrick Hernandez e disse: "Hoje você está por cima, meu bem. Mas amanhã quem vai estar por cima sou eu". Vinte anos depois, ao relembrar o caso, a diva perguntou: "Onde está a droga do Patrick Hernandez hoje?".

Três meses depois de se aventurar em Paris, em agosto de 1979 Madonna batia à porta de Dan Gilroy. Precisava começar do zero. Fez testes para o filme *Footloose* e para a série de televisão *Fama*, mandou currículos para vários cineastas na esperança de conseguir um papel. Enquanto isso, continuava determinada a se tornar famosa por meio da música. Dan, que era seu namorado, começou a lhe ensinar bateria. Na época, ela gravou vocais estranhos para um cantor chamado Otto Von Werner, que originou um CD popular entre os fãs, mas muito difícil de escutar.

Madonna ainda acreditava que teria menos concorrência na música do que na dança, mas não contava com um obstáculo chamado Angie Smith. Nova na The Breakfast Club, Angie tocava baixo e cantava algumas canções, rebolando e chamando toda a atenção possível. Escondida atrás da bateria, Madonna já estava louca de raiva. Insistiu com os irmãos até demitir Angie da banda, no entanto, isso não deixou o caminho totalmente livre para a garota ambiciosa: Dan permitiu que ela cantasse algumas músicas, mas não tolerou o enorme ego de Madonna por muito tempo: "Você é pura ambição sem nenhum talento", disse Dan a ela.

Depois disso, precisou procurar um novo lugar para morar e músicos para criar uma nova banda. Ambas as missões foram fáceis. Coincidentemente, seu amigo da época de faculdade, Steve Bray, ligou para ela dizendo que queria se mudar para Nova York para tentar a vida como músico. Com a chegada de Bray, Madonna se mudou para um prédio sujo chamado Music Building, que funcionava como sede de vários estúdios de gravação. A terceira missão não foi tão fácil: dar um nome à nova banda. Ela achava que já passava da hora de colocar seu próprio nome em destaque. "Você é o cabeça, Steve, o gênio musical. Eu sou só a estrela", disse a Bray.

Como havia uma recusa geral em chamar a nova banda de "Madonna", pensou-se em Emmy, que era como Bray chamava "a estrela". Mais tarde, Steve Bray afirmou que Emmy nada tinha a ver com Madonna, mas era, na verdade, uma abreviação de *Emanon, no name* (sem nome) ao contrário. O grupo também fez algumas apresentações com o nome de Millionaires e outras como Modern Dance. E, por mais estranho que possa parecer, Dan e Ed Gilroy se juntaram à banda durante um período. Gary Burke, do The Breakfast Club, era o baixista, Brian Syms tocava guitarra solo e a bateria ficava por conta do namorado de Madonna, Steve Bray.

Entre as músicas tocadas nos shows, estavam "Are You Ready for It", "Nobody's Fool", "Love Express", "Bells Ringing", "Love for Tender", "Drowning" e "No Time". As quatro últimas fizeram parte de uma *demo* gravada em 30 de novembro de 1980, no próprio Music Building, local em que Madonna morava com seu namorado. Essas músicas fazem parte das raridades da cantora que os fãs procuram na internet para baixar – e estão disponíveis em qualidade razoável.

Sempre insatisfeita e com pressa, ela deixou o Emmy no início de 1981 com a intenção de fazer coisas diferentes. Ainda morando no Music Building, conheceu Camille Barbone, agente musical da Gotham Agency, um escritório de artistas mais ligado à composição que à gravação. Camille se interessou por aquela garota ousada e resolveu investir nela. Pagou aluguel de um apartamento em frente ao Madison Square Garden, onde a aspirante a cantora foi assaltada duas semanas depois. A agente transferiu sua pupila para um apartamento no Upper West Side e pagou aulas de interpretação com uma professora russa – Madonna ainda tinha vontade de ser atriz.

No entanto, o caminho da música ainda parecia mais fácil, e Camille conseguiu a gravação de quatro músicas no Media Sound, um estúdio em Manhattan bem melhor que o Music Building. Eram canções produzidas por Jon Gordon, que futuramente foi produtor de artistas famosos, como

Suzanne Vega. A fita *demo*, conhecida pelos fãs mais tarde como *Gotham Tape*, tinha "Love on the Run", "High Society", "Get Up" e "Take Me (I Want You)", todas no estilo rock, principalmente a última, estilo bastante diferente do que a cantora fez na época do *The Breakfast Club* e do *Emmy*.

A *Gotham Tape* foi resultado de um contrato, assinado entre Madonna e Camille, que garantia à cantora 250 dólares para cada canção não lançada e 500 dólares se a música fosse lançada, além de 3% sobre as vendas. Mas a Gotham não era uma empresa consolidada, não tinha muito dinheiro para investir, e Camille acabou tirando um pouco de seu bolso para financiar sua pupila. Na assinatura de contrato, a empresária deu dinheiro suficiente para Madonna se sustentar durante uma semana e arrumou-lhe um trabalho como empregada doméstica.

A fita chamou a atenção. Alguns empresários gostaram e as gravadoras queriam contratar a cantora, que se apresentava em pequenos shows e já tinha até mesmo um pequeno grupo de fãs, principalmente mulheres, que se vestiam como ela. "Essas pessoas me adoram", disse Madonna à Camille, "e acho que serei sempre boa com minhas fãs, elas merecem".[8] Especula-se que Camille Barbone tinha outros interesses com Madonna que não sua carreira profissional: a empresária teria se apaixonado por aquela jovem ambiciosa e talentosa. Talvez esse tenha sido o começo do fim para a Barbone: as duas não paravam de brigar e quem vencia era sempre Madonna. Certa vez, a cantora exigiu que Steve Bray fosse contratado como baterista, mas houve a recusa da empresária, que não queria envolvimento amoroso entre membros da banda. Foi aí que a cantora

---

[8] J. Randy Taraborrelli, *Madonna, uma biografia íntima*, p. 88.

decidiu ir para a cama com o então baterista, Bob Riley, que teve de ser demitido.

Madonna estava cansada de esperar. Enquanto Camille já tinha torrado toda a grana disponível e tentava vender a fita para grandes gravadoras, ela trabalhava paralelamente para chegar mais rápido à tão esperada fama. A empresária insistia que Madonna saísse do *hard rock* para algo mais comercial, no entanto, a cantora pensava em trabalhar com funk urbano. Durante o dia, trabalhava para a Gotham, com o estilo que eles queriam; à noite, reunia-se com Steve Bray e tocava aquilo que realmente lhe interessava. Até que chegou um ponto em que ela não aguentava mais o estilo de música que os agentes a obrigavam a tocar. "Não posso continuar a fazer essas coisas. Terei de começar tudo de novo."[9]

Camille negociava com a Columbia quando Madonna decidiu realmente abandonar o barco. Justificou: não estava feliz com a música que havia gravado com eles e havia perdido o respeito por Camille como empresária. "Você está demorando muito para fazer algo por mim",[10] resumiu.

Camille ficou louca. Tinha investido tempo e dinheiro – mais dinheiro do que tinha a Gotham – naquela cantora de cabelos desgrenhados e roupas extravagantes. Mais do que dinheiro, ela perdia a oportunidade de agenciar uma artista realmente talentosa e também se sentia abandonada pela mulher por quem era, possivelmente, apaixonada. "Não vou te liberar do seu contrato. Investi tudo em você. Olhe para mim: estou lisa. Gastei tudo com você, Madonna."[11]

A aspirante a estrela não se emocionou e deixou Camille Barbone com o coração e a mão quebrados – a

---

9 Christopher Andersen, *Madonna, uma biografia não-autorizada*, p. 91

10 J. Randy Taraborrelli, *Madonna, uma biografia íntima*, p. 90.

11 Idem. Ibidem.

empresária ficou tão chateada que socou a parede, quebrando os ossos. Como a cantora encerrou o contrato sem cumpri-lo, Camille entrou em uma disputa judicial mais tarde para detenção do direito da *Gotham Tapes*.

Mas por que Madonna, tão ansiosa para se tornar famosa, não deixou Camille assinar contrato com a Columbia? Mais tarde, ela explicou: não valeria a pena ser contratada por uma gravadora se tivesse que cantar aquelas músicas que, segundo ela, eram "merda". Ela queria ter fama, mas não bastava isso: queria ter total controle de cada um de seus passos. Essa, aliás, é uma das principais características de carreira e talvez a causa de tantos anos de sucesso.

"Embora eu tivesse concordado em fazer rock'n'roll, meu coração já não estava mais naquilo. O soul era minha principal influência",[12] justificou mais tarde. Ela gostava de dançar e talvez o rock não lhe desse a mesma presença de palco que conseguia com a música dançante. Com Steve Bray, gravou novas canções no estilo que desejava: "Everybody", "Stay", "Burning Up" e "Ain't No Big Deal".

Se a questão era começar tudo do zero, embora extremamente ansiosa, Madonna não se importava. Agora ela detinha o controle de sua futura carreira, não precisaria ter bandas com outros nomes que não o dela mesma, podia compor o que quisesse e conhecia as pessoas certas no cenário *dance* de Nova York. Agora era diferente. Ela estava a um passo de conseguir o que queria. E já sabia disso.

---

12 J. Randy Taraborrelli, *Madonna, uma biografia íntima*, p. 92.

Consegui!
A escalada para a fama

— Uuuh, baby, você é tão lindo!

Não se sabe se foi essa cantada direta, o visual extrovertido e atirado ou a fita que ela tinha nas mãos. Sabe-se apenas que Mark Kamins, DJ da casa mais agitada de Nova York naqueles dias, o Danceteria, encantou-se por Madonna e tocou sua fita *demo*.

Madonna sempre frequentava aquela boate de Manhattan e já estava de olho no DJ. Não apenas porque Mark Kamins era bonito: naquela época, os DJs tinham grande poder junto às gravadoras quando se tratava de estilos dançantes. Certa noite, ela subiu na cabine de Mark e entregou a ele a fita que gravara com Steve Bray. Apesar da cantada – e do beijo apaixonado que ganhou da cantora – ele não se entregou facilmente. Só colocou a fita no dia seguinte, depois de ouvi-la em casa, com todo o cuidado.

Na noite seguinte, Kamins colocou *Everybody* para tocar e, conforme declarou em algumas entrevistas depois que Madonna ficou famosa, a reação foi impressionante. Aquela garota não era apenas uma mulher bonita que estava na dele; era também uma chance de decolar sua carreira de produtor musical. Depois de ver a reação das pessoas na pista de dança, Mark se ofereceu para ajudar Madonna a arrumar um contrato com uma gravadora. Em troca, ela o deixaria produzir seu primeiro disco.

Já como namorado e "sócio" da empreitada da futura estrela, Mark levou a fita *demo* a Michael Rosenblatt, executivo da Warner Bros Records. "Soube na hora que ela era uma estrela",[13] afirmou Rosenblatt. Ele pediu para se encontrar com Madonna e ofereceu a ela um contrato: 5 mil dólares adiantados mais royalties e mil dólares por cada canção que fizesse.

---

[13] J. Randy Taraborrelli, *Madonna, uma biografia íntima*, p. 95.

Mais de cinco anos depois de sua chegada a Nova York, a garota ambiciosa parecia finalmente ter alcançado seu objetivo: ser famosa. Porém, havia ainda um obstáculo com o qual ela não poderia contar: um senhor idoso em uma cama de hospital. Ele era ninguém menos que Seymour Stein, presidente da Sire, o selo da Warner que seria responsável pelo lançamento da futura estrela. Madonna não teria nenhum contrato se aquele homem não colocasse seu nome em um pedaço de papel.

Seymour se recuperava de uma cirurgia no coração e Michael Rosenblatt disse que Madonna precisava esperar. No entanto, não queria mais esperar. Já aguardara demais por aquele momento. Restava-lhe apenas pressionar Rosenblatt para levá-la até o hospital e resolver logo esse problema. Não foi fácil. Mas seu poder de persuasão a levou mais uma vez a conseguir o que queria.

"Estava no hospital quando Rosenblatt me ligou e disse que eu deveria escutar a *demo* com uma canção dessa garota chamada Madonna. Eu ouvi a música e pirei. Eu disse: quero que ela venha se encontrar comigo no hospital", contou Seymour. "Ela estava tão ansiosa para assinar aquele contrato que não teria se importado nem se eu estivesse deitado em um caixão",[14] completou.

Claro que a Sire não faria um disco inteiro com aquela garota sem antes testar seu poder de vendas. O primeiro contrato foi para um single de doze polegadas com duas faixas *dance*. Madonna quis fazer-se de desentendida e já ia chamar Steve Bray para produzir o compacto, mas Mark Kamins bateu o pé por causa do acordo feito entre os dois e conseguiu convencê-la a mudar de ideia. Mesmo assim,

---

14 J. Randy Taraborrelli, *Madonna, uma biografia íntima*, p. 96.

a mais nova contratada da Sire queria usar uma música de Bray no compacto, "Ain't No Big Deal". O amigo de Michigan ficou furioso por ter sido preterido na produção do single e não liberou a música. Foi até bom, porque os executivos da gravadora não gostaram de "Ain't No Big Deal". Por isso, "Everybody" ficou nos dois lados do compacto. Na capa, uma montagem com cenas urbanas. Nenhuma imagem da nova estrela. Por essa razão, muita gente acreditou que Madonna fosse negra antes de ver seus videoclipes.

E continuou com essa imagem por um bom tempo, pois seu primeiro videoclipe, da música "Everybody", foi feito apenas para os clubes de dança. Era um clipe simples – para não dizer tosco –, escurecido, que mostrava a cantora e alguns dançarinos simulando uma apresentação em uma boate. O orçamento foi de apenas 1 500 dólares e ela jamais incluiu o vídeo em suas coletâneas de clipes. Preferiu esquecê-lo.

Mas o vídeo de "Everybody" cumpriu seu objetivo junto ao público-alvo e fez o compacto subir para o terceiro mais vendido entre as músicas de dança. Posteriormente, entrou no Top 100 da *Billboard*. Para ter certeza de que aquele sucesso não era apenas para um público específico, Seymour Stein autorizou um mini-LP de doze polegadas. Para produzir esse novo disco, Madonna descumpriria tanto o acordo com Mark Kamins, quanto a parceria com Steve Bray: ela queria alguém mais experiente e pediu para que a gravadora contratasse Reggie Lucas. O resultado foi a abertura de mais um processo judicial, pois tinha assinado contrato com Kamins concedendo porcentagem de todos os royalties.

Com o sucesso do mini-LP, principalmente da faixa "Physical Attraction", composta por Reggie Lucas – primeiro lugar nas pistas de dança –, havia chegado a hora. Uma miniturnê em boates também mostrara que o sucesso dela poderia ser maior se houvesse mais divulgação. Então, a Sire liberou a gravação de seu primeiro álbum, chamado simplesmente *Madonna.*

A esta altura, a vidinha complicada de Madonna já acabara. Não dormia mais em estúdios sujos nem comia pipoca para matar a fome. Mas também não tinha vida de estrela: morava em um modesto apartamento em East Village. Em breve, sua conta bancária teria uma mudança significativa; e sua mente também. Madonna finalmente seria uma mulher famosa. A busca não acabaria ali. Para Dick Clark, em janeiro de 1984, no programa de televisão *American Bandstand*, ela resumiu o que queria: "Vou dominar o mundo".

Os álbuns de Madonna

1984 - *Madonna - The First Album*

Os executivos da Warner acharam que o primeiro disco de Madonna, lançado em julho de 1983, não venderia mais do que 250 mil cópias.

Alguns de seus biógrafos, como Christopher Andersen, em *Madonna, uma biografia não-autorizada*, dizem que o disco seria realmente um fracasso se ela não tivesse se empenhado pessoalmente para que seu trabalho ganhasse maior divulgação. Isso incluía exibição das músicas em discotecas e rádios de aviões. Com o empenho da Diva, "Holiday" subiu nas paradas e, posteriormente, já em 1984, "Lucky Star" e "Borderline" entraram nas dez mais. "Lucky Star" foi o primeiro de quinze sucessos consecutivos de Madonna que alcançaram o Top 5, façanha que ultrapassou o recorde dos Beatles.

As músicas alcançaram o topo. Posteriormente, foi a vez do álbum: um ano após o lançamento, o disco que levava o nome da cantora chegou ao Top 10, alcançou 4 milhões de cópias vendidas nos Estados Unidos e 8 milhões no restante do mundo, muito mais que os 250 mil previstos pelos empresários da gravadora. Ele foi relançado em 1985 com o subtítulo *The First Album* (*O primeiro álbum*, em português) e com uma capa diferente.

Madonna teve ajuda de muita gente para chegar onde havia chegado até então. Mas se não fosse sua persistência, seu trabalho e sua perseverança, nenhum daqueles números seria real. Ao contrário de muitas cantoras da época (e dos dias atuais também), ela foi coautora de cinco das oito músicas do disco.

O primeiro álbum demorara a se consolidar nas listas dos mais vendidos, e Madonna, ainda apressada, já pensava no segundo. A pressão era grande, afinal, o sucesso poderia ter sido um mero acaso e talvez não passasse mesmo do primeiro vinil. "Tenho de fazer tudo sozinha e foi difícil convencer as pessoas de que eu merecia assinar um contrato para um disco. Depois de tudo, é um problema tentar convencer a gravadora de que tenho mais a oferecer do que uma simples cantora de um sucesso só",[15] contou. No jornalismo musical, não faltaram críticos para dizer que seu estrelato não duraria muito. O editor da *Billboard*, Paul Grein, foi um dos que brincaram de adivinhar o futuro: "Cindy Lauper vai estar aí por muito tempo; Madonna estará fora do cenário em seis meses"[16] afirmou.

Vendo toda aquela desconfiança, ela quis mostrar que não estava ali para brincadeira. Escolheu como produtor musical do próximo álbum alguém com muita experiência e sucesso no estilo *disco*: Nile Rodgers, da banda Chic, dos anos 1970.

1985 - *Like a Virgin*

O produtor se assustou quando Madonna chegou ao estúdio com uma música chamada "Like a Virgin" ("Como uma virgem", em português). Na letra, a cantora entoava gritinhos e sussurros e afirmava se sentir como se fosse virgem – tocada pela primeira vez – na presença de seu amado. Nile Rodgers achou que ela só podia estar blefando quando disse que aquela era a sua melhor música. Foi Michael

15 J. Randy Taraborrelli, *Madonna, uma biografia íntima*, p. 114.

16 *Billboard*, 1985.

Ostin, presidente de Warner Bros Records na época, quem deu à cantora a música escrita por dois homens: Tom Kelly e Billy Steinberg. Eles não escreveram "Like a Virgin" pensando naquela garota que começava a fazer sucesso, mas não haveria outra intérprete mais apropriada para a canção. Prova disso é que a música tornou-se o primeiro single pop de Madonna a atingir o topo das paradas, permanecendo por seis semanas.

O disco também ganhou o nome de *Like a Virgin* e foi lançado em 12 de novembro de 1984. Havia ficado pronto há bastante tempo, mas a gravadora não queria lançar porque percebeu que o primeiro álbum ainda tinha muito caminho pela frente. Madonna não gostou. Acreditava que o lançamento do seu segundo álbum não era apenas a consolidação de sua carreira musical, mas poderia ser o pontapé inicial para sua vida de atriz. Ela ainda sonhava com isso.

No outono daquele ano, seus dois álbuns vendiam, em média, 80 mil cópias por dia. Madonna fez seu primeiro videoclipe caro, para "Like a Virgin", gravado em Veneza, e fez sua primeira apresentação ao vivo no Video Music Awards, premiação da MTV, causando polêmica.

"Material Girl" foi parar no segundo lugar das paradas pop e "Crazy For You", escrito para o filme *Em busca da vitória* (*Vision Quest*, originalmente), foi o segundo single a chegar ao topo das paradas. "Into the Groove", escrito para outro filme, *Procura-se Susan desesperadamente*, foi o mais vendido nas paradas de *dance music*, embora tenha ficado apenas no lado B de "Angel", terceiro single do álbum a ser lançado. Enquanto os singles faziam sucesso individualmente, o disco *Like a Virgin* foi o primeiro álbum número 1 de Madonna e foi um dos mais vendidos de 1985.

1986 - *True Blue*

"Like a Virgin" consolidou Madonna como uma estrela de sucesso. Seu primeiro álbum havia sido apenas uma leve introdução do que viria pela frente. Mas seu segundo disco mostrava que ela era uma mulher ousada e realmente talentosa, pois escrevia suas canções, apesar de não tocar instrumentos com maestria, e não tinha medo de fazer coisas diferentes se o resultado fosse mais e mais sucesso.

E Madonna mudara. Já não era mais aquela menina rebelde com os cabelos desgrenhados, os sutiãs aparecendo, mil crucifixos pendurados. Estava apaixonada, e essa paixão refletira em seu visual e em seu próximo disco, *True Blue*, lançado em junho de 1986. O álbum foi produzido por Patrick Leonard, um dos principais parceiros de Madonna nos anos seguintes, produtor que deu um jeito característico a suas canções de sucesso. As primeiras gravações do álbum ocorreram em um estúdio bem pequeno, no porão da casa de Leonard. *Like a Virgin* foi quatro vezes mais caro, pois foi feito por um produtor famoso.

True Blue alcançou 24 milhões de cópias vendidas em todo o mundo. Chegou ao primeiro lugar na parada de discos da *Billboard*, tornando-se o álbum de Madonna mais bem-sucedido internacionalmente. Foi o disco mais vendido de todo o mundo em 1986, sendo primeiro lugar na Áustria, na Austrália, na Bélgica, no Brasil, no Canadá, na Dinamarca, na Finlândia, na França, na Alemanha, em Hong Kong, na Irlanda, em Israel, na Itália, no Japão, na Holanda, na Nova Zelândia, na Noruega, nas Filipinas, na Suíça, no Reino Unido e na Venezuela.

O primeiro single foi "Papa don't Preach", uma música contra o aborto. Depois foi lançada "True Blue", terceiro lugar das paradas pop. O álbum também gerou os singles "Open Your Heart" e "La Isla Bonita", esta última uma canção composta originalmente para Michael Jackson, que a rejeitou, sendo grande sucesso na voz de Madonna e tendo aparecido no *set list* de praticamente todas as turnês que a Diva fez desde que foi lançada.

1987 - *Who's That Girl*

Em 1986, Madonna teve de fazer uma pausa nas gravações de seu terceiro grande filme, *Quem é essa garota?*, em razão da grande nevasca que atingiu Nova York. Aproveitou para trabalhar na trilha sonora desse filme e criou quatro canções: "Who's That Girl", "Causing a Commotion", "Can't Stop" e "The Look of Love".

A trilha sonora foi lançada em 21 de julho de 1987 e acabou sendo conhecida como mais um CD de Madonna, apesar de ter canções de outros artistas – muito desconhecidos, inclusive. Para produzir esse álbum, ela chamou Patrick Leonard e Stephen Bray. Enquanto o filme não conseguia emplacar nas bilheterias, a trilha sonora vendeu bastante: 6 milhões de cópias no mundo todo. O single da música título transformou Madonna na primeira artista a acumular seis singles número 1 nos anos 1980.

1987 - *You Can Dance*

Aproveitando a grande quantidade de remixes de Madonna que estavam estourando nas pistas de dança, a Warner, por meio de seu selo Sire, lançou em novembro de 1987 *You Can Dance*, a primeira coletânea da cantora, com remixes de algumas de suas músicas mais conhecidas, acrescentando a inédita "Spotlight". A ideia virou moda: em breve, vários artistas estariam remixando seus LPs, como Bobby Brown e New Kids on the Block.

Para ajudar com as mixagens, a cantora chamou seu amigo e ex-namorado John "Jellybean" Benitez, além do já tradicional companheiro Patrick Leonard. *You Can Dance* vendeu 1 milhão de cópias nos Estados Unidos e 5 milhões no restante do mundo, chegando ao top 10 das paradas de vários países e ao top 20 da *Billboard*. Foi o segundo álbum de remix mais vendido de todos os tempos, atrás apenas de *Blood on the Dance Floor*, de Michael Jackson.

1989 - *Like a Prayer*

Em março de 1989, Madonna experimentava seu auge profissional. Já tinha uma carreira consolidada – ao menos na música, pois no cinema não alcançara seus objetivos. Tinha três álbuns bem-sucedidos, duas turnês mundiais que bateram recordes, mas, emocionalmente, ela não estava nada bem. Estava em processo de divórcio de seu primeiro marido, o ator de cinema Sean Penn, depois de um casamento cheio de brigas e problemas.

Essa mudança em sua vida emocional refletiu diretamente em seu próximo álbum, *Like a Prayer*, chamado por alguns fãs de "obra-prima" de Madonna. Nas letras, reflexões pessoais, ideias que, até então, não apareciam em seus discos. Até mesmo seu diário foi fonte para a criação das letras. Para completar, apareceu de cabelos pretos para a divulgação do disco. Não era mais a mesma garota serelepe: era uma mulher madura que queria mostrar suas opiniões a quem quisesse ouvir. "Queria que o álbum falasse de coisas em minha mente. Era uma época complexa em minha vida."[17] Durante a gravação, Madonna chorava. Começava a cantar com a voz embargada e parava para se acalmar. As gravações, de acordo com Leonard, demoraram o triplo do tempo. As composições refletiam tanto seu estado de espírito que a crítica a aclamou quando o álbum foi lançado, em março de 1989.

Foram cinco singles de sucesso na parada da *Billboard*. O primeiro deles, que levava o nome do álbum, foi o sétimo compacto de Madonna a chegar ao primeiro lugar. "Express Yourself", uma canção sobre a liberdade feminina de falar o que quiser, foi segundo lugar. "Oh Father", música composta para seu pai que refletia muita tristeza acumulada durante anos, alcançou o vigésimo lugar da *Billboard*. "Keep it Together" ficou em oitavo. O álbum vendeu 4 milhões de cópias nos Estados Unidos e 30 milhões no restante do mundo. Ela havia ultrapassado os Beatles na quantidade de discos vendidos em todos os tempos. Só Elvis Presley vendia mais do que ela.

1990 – *I'm Breathless*

---

[17] J. Randy Taraborrelli, *Madonna, uma biografia íntima*, p. 202.

No final dos anos 1980, Madonna não parava. Entrou em turnê mundial, iniciou as gravações de um filme e tinha como maior desafio compor músicas que tivessem tudo a ver com esse filme. Não que todas elas iriam fazer parte da trilha sonora de *Dick Tracy*, mas a sonoridade do álbum teria de ser "anos 1940", assim como o filme.

O resultado é o disco mais diferenciado já feito por ela: *I'm Breathless*, lançado em maio de 1990. Não veio com o título de trilha sonora, mas sim com a frase "Músicas do filme *Dick Tracy* e inspiradas por ele". A composição era de um gênio do teatro, Stephen Sondheim, e foi Patrick Leonard o convocado, mais uma vez, para dar um "gostinho" de Madonna às canções.

"Quero que as pessoas pensem em mim como uma atriz da comédia musical. É isso que o álbum significa para mim. É um projeto com outro alcance, não apenas um disco de *pop music*, mas de canções com um sentimento diferente, teatral", afirmou Madonna durante o lançamento. A Madonna que exporia seus sentimentos, de "Like a Prayer", tinha desaparecido. O disco é realmente muito diferente. Se tirarmos "Vogue", excluirmos o nome de Madonna e entregarmos o CD para alguma pessoa escutar, dificilmente ela descobrirá de quem é o álbum.

I'm Breathless seria um álbum obscuro sem "Vogue", que nasceu para ser o hit. Composta em parceria com Shep Pettibone, "Vogue" chegou ao primeiro lugar das paradas e trouxe à tona um estilo de dança que se restringia aos clubes gays de Nova York. *I'm Breathless* também teve "Hanky Panky", que foi para o décimo lugar das paradas, mas não é uma música muito conhecida. Foram 2 milhões de cópias vendidas nos Estados Unidos e 5 milhões no mundo todo. "Dei um duro danado nesse disco", resumiu, mais tarde.

1990 - *The Immaculate Collection*

Lançada em novembro de 1990, *The Immaculate Collection* foi a primeira coletânea de sucessos de Madonna. A seleção de músicas para os dois vinis incluiu quinze canções – oito delas haviam passado pelo primeiro lugar da *Billboard*. Outras duas músicas inéditas completavam o álbum.

A coletânea fez tanto sucesso quanto seus hits: *The Immaculate Collection* vendeu 18 milhões de cópias no mundo todo, 9 milhões apenas nos Estados Unidos e 5 milhões no Reino Unido. Vendeu bem durante toda a década de 1990 – era o primeiro disco de Madonna que muitas pessoas compraram, pois reunia sucessos que todos conheciam – e no final da década entrou para o *Guinness World Records* como o disco de hits feito por uma artista mais vendido em todos os tempos.

"Justify My Love", uma das músicas inéditas, foi um sucesso à parte em virtude da polêmica que causou (discutiremos mais sobre essa música no capítulo Carreira polêmica). A outra música, "Rescue Me", foi nono lugar da parada pop.

Não se falava sobre outra artista no início da década de 1990. Não apenas pela polêmica causada por "Justify My Love", mas também pelo fato de ela bater recordes e dominar as paradas de vídeos, discos e singles. Ela acabara de fazer uma turnê mundial de enorme sucesso – e controvérsia também – e agora estrelava um filme muito comentado, mas estava próxima da queda. E foi com *Erotica*, seu próximo álbum, que a artista pop mais famosa do mundo teve seu primeiro declínio.

1992 - *Erotica*

Madonna tinha sua carreira nas mãos. Podia escolher o produtor que quisesse, fazer as turnês e os vídeos que quisesse. Ainda não tinha muita entrada na carreira cinematográfica, mas quando o assunto era música pop, ela reinava absoluta.

Em 1991, entrou no estúdio com Shep Pettibone, corresponsável pelo sucesso de "Vogue", para compor mais um álbum. No dia em que não estava no estúdio, estava fazendo fotos para um livro que pretendia lançar junto com o CD. Era o *Sex Book*, fotografado por Steven Meisel.

"Contaminado" pelas fotos picantes do *Sex Book* – que trouxe Madonna em poses eróticas com senhores de idade e mulheres, comendo pizza sem roupa e pedindo carona nua – *Erotica* foi um fracasso comercial e de crítica, não vendendo mais do que 5 milhões de cópias. As músicas eram de excelente qualidade e poderia ser um dos discos mais vendidos da cantora se não fosse diretamente atrelado a tanta polêmica. "Deeper and Deeper", uma canção dançante superalegre, não passou do sétimo lugar das paradas.

"Muita gente espera eu dizer que me arrependo de ter lançado o livro *Sex*", disse Madonna à revista *Time*, dois anos depois. "Mas não, o problema foi ter lançado o álbum *Erotica* ao mesmo tempo. Eu adoro esse disco, ele foi subestimado. Tudo o que fiz depois do livro foi diminuído." Ela era um símbolo sexual, tinha um corpo perfeito, passara por uma década de sucesso, mas não poderia mais continuar sua carreira daquela maneira. Para suavizar sua imagem, nada melhor que um novo disco, com músicas que levariam o nome de *Histórias para a hora de dormir*.

1994 - *Bedtime Stories*

Hip Hop, soul e R&B eram os estilos musicais que reinavam na primeira metade da década de 1990. Madonna não queria ficar atrás: escolheu os melhores produtores desses estilos e se trancou nos estúdios para gravar seu novo disco.

Se a música deveria ser feita com cuidado, imagine o trato com sua imagem. Não era hora para polêmica. Ela queria passar uma ideia de suavidade. Pintou os cabelos de loiro bem claro, quase branco. Fez uma maquiagem bem escura e posou para fotos em cima de uma cama. Dessa vez, nada erótico. As poses sobre a cama eram para combinar com o nome do álbum: *Bedtime Stories* (Histórias para a hora de dormir, em tradução livre).

A única coisa que não exprimia suavidade em sua imagem eram seus *piercings*, um no nariz, outro no umbigo. Logo após o lançamento do álbum, em outubro de 1994, fez outros ensaios fotográficos com a cama como tema. Desta vez, mais sensual, com calcinhas de seda, apesar de bem longe do erotismo do *Sex Book*.

Na produção do álbum, Madonna preferiu dividir a responsabilidade entre vários produtores: Dallas Austin, Kenny "Babyface" Edmonds, Nellee Hooper, do Soul II Soul, e Dave "Jam" Hall. A escolha foi acertada. A diva voltou às paradas logo com o primeiro single, "Secret". No videoclipe, Madonna estava incrivelmente linda, com cenas em preto e branco. A MTV não parava de exibi-lo. O single ficou entre os cinco mais de todo o mundo.

O sucesso de *Bedtime Stories* veio mesmo com seu segundo single, "Take a Bow", música em que Madonna divide os vocais com Babyface. O clipe, gravado em Ronda, na Espanha, mostra uma tourada e tem participação do toureiro Emilio Muñoz. Tornou-se o single que ficou mais tempo em primeiro lugar nas paradas. Em fevereiro de 1995, foi certificado ouro pela Recording Industry Association of America (Associação das Indústrias Fonográficas da América) depois de vender meio milhão de cópias.

"Take a Bow" sem dúvida marcou a carreira da diva pop. A música lenta e apaixonada a trouxe de volta às paradas. O videoclipe, com belíssima fotografia, foi um cartão de visita para convencer o diretor Alan Parker a escolher Madonna para o único principal papel no cinema de toda a sua carreira. Essa música a levou de volta ao posto de Rainha do Pop. Os fãs adoram a composição e, para a decepção deles, Madonna nunca cantou "Take a Bow" ao vivo em nenhuma de suas turnês.

1995 - *Something to Remember*

Era óbvio que Madonna mudara porque não conseguia mais o sucesso que fazia antes. Estava na cara que a cantora adotara um visual mais *clean* para evitar cair em decadência. Mas ela justificou de forma inteligente na capa de seu próximo CD, uma coletânea de baladas chamada *Something to Remember*. Escreveu: "Houve tanta controvérsia sobre minha carreira na década passada que praticamente não deram atenção à minha música. As canções quase foram esquecidas. Embora não me arrependa de minhas escolhas artísticas, aprendi a apreciar a ideia de fazer as coisas de um jeito mais simples. Sem muito estardalhaço, sem distrações, apresento-lhes esta coletânea de baladas. Algumas são antigas, outras são novas. Todas são de coração".

Something to Remember foi lançado em novembro de 1995. É formado por baladas de sucesso dos álbuns anteriores mais três novas canções: "I Want You", "You'll See" e "One More Chance". "I Want You" é uma versão do antigo clássico de Marvin Gaye, que foi regravada com a batida suave da banda britânica Massive Attack. O CD trouxe duas versões dessa música. Trouxe também "I'll Remember", uma música feita para a trilha sonora do filme *With Honors*, estrelado por seu ex-marido Sean Penn. *Something to Remember* foi platina tripla nos Estados Unidos, com 3 milhões de cópias vendidas.

A versão japonesa de *Something to Remember* veio com uma música bônus, "Verás", versão em espanhol de "You'll See".

1996 – *Evita (trilha sonora)*

Em 1996, Madonna conseguiu o papel que mais desejou no cinema: Evita Perón, no musical *Evita*, de Alan Parker (leia sobre o filme no capítulo Cinema: atriz e diretora). A trilha sonora de *Evita* foi lançada em novembro de 1996 em duas versões, uma delas em CD duplo, com todas as músicas incluídas no filme. A outra, mais popular, possuía apenas algumas músicas. Atingiu o segundo lugar na parada de álbuns da *Billboard* e vendeu 5 milhões de cópias nos Estados Unidos e 11 milhões no restante do mundo.

Embalada pelo sucesso do filme, "You Must Love Me" foi 18º, e "Don't Cry for Me Argentina" foi oitavo lugar da parada de singles. "You Must Love Me" faturou um Oscar e um Globo de Ouro de melhor canção. Como personagem principal do filme, Madonna cantou boa parte das canções, mas o CD também tem vozes dos atores Antonio Banderas, Jonathan Pryce e Jimmy Nail.

Como fazia parte de um grande projeto cinematográfico, Madonna teve pouca (para não dizer nenhuma) influência na gravação da trilha sonora de *Evita*. As letras das canções foram de Tim Rice, as músicas, de Andrew Lloyd Webber, e foram adaptações do musical da Broadway. A produção do CD ficou por conta de Nigel Wright, Alan Parker, Andrew Lloyd Webber e David Caddick. Madonna colaborou com a mixagem. Que *Evita* mudou definitivamente a sua carreira é indiscutível, mas seu principal legado em termos musicais foi a nova voz da cantora.

1998 - *Ray of Light*

Like a Prayer foi tratado por muitos fãs como a obra-prima de Madonna, porém, *Ray of Light,* lançado em março de 1998, foi a grande guinada na carreira da musa pop. Esse álbum é praticamente unanimidade para quem acompanha a discografia da diva e também conquistou a crítica de uma forma inédita.

A *Rolling Stone* descreveu o álbum como "brilhante". A revista inglesa *Slant* disse que o disco era uma das grandes obras-primas pop dos anos 1990, afirmando que Madonna mostrava suas emoções de forma honesta. Até hoje o álbum é citado como um dos melhores de todos os tempos no cenário pop. E Madonna, particularmente, é apaixonada por esse disco. Talvez por ter sido sua primeira gravação após o momento que mudou sua vida de verdade: o nascimento de sua filha Lourdes Maria, em 1996.

O novo momento de sua vida transparece em cada uma das canções desse álbum. Madonna fala não apenas do nascimento de sua filha, mas de seu próprio renascimento. "When I was very young / Nothing really mattered to me / But making myself happy / I was the only one / Now that I am grown / Everything's changed / I'll never be the same / Because of you" ("Quando eu era jovem / Nada importava pra mim / A não ser me fazer feliz / Eu era a única / Agora que eu cresci / Tudo mudou / Nunca mais serei a mesma / E é por sua causa"), canta, em "Nothing Really Matters".

Ela sempre se preocupou muito com seus parceiros na produção dos álbuns. Nunca deixava o produtor trabalhar sozinho, sempre colocava nos seus trabalhos sua personalidade e sua sonoridade preferida naquele momento. Ao contrário da maioria das mulheres no mundo da música, colocava a mão na massa, reclamava, gravava e regravava, não se cansava de tentar até que seu disco ficasse da maneira que imaginara. *Ray of Light* foi assim. Ao iniciar as gravações, Madonna convocou mais uma vez o velho parceiro Patrick Leonard. A princípio, a sonoridade de Leonard não condizia com aquilo que a cantora queria colocar em seu novo álbum. Então, chamou Babyface, que a havia ajudado com *Bedtime Stories*, mas também não era bem aquilo que procurava, porque estava bem parecido com *Take a Bow*, e ela jamais queria se repetir. A terceira tentativa foi com Rick Nowels, alguém com quem Madonna ainda não havia trabalhado e que tinha experiência com Stevie Nicks e Celine Dion. O trabalho rendeu, mas ainda não era o que ela queria. Madonna pretendia colocar algo mais eletrônico em seu álbum, tanto que pensou em chamar o disco de *Veronica Eletrônica* (por ser Veronica o seu nome de batismo).

A diva já tinha ouvido falar de William Orbit, um produtor inglês de música eletrônica que possuía um trabalho bem diferente do que se ouvia na época. Ele lhe mandou algumas fitas e foi então que Madonna se decidiu. A partir do trabalho de Orbit, pensou no direcionamento que daria às letras. Empolgada com espiritualidade e cabala, ela gravou uma canção em sânscrito. Foram quase cinco meses de gravação, bastante tempo para os padrões da cantora. Em vez de músicos, Orbit gostava de trabalhar com sintetizadores e programas de computador. E assim nasceu *Ray of Light*, um dos melhores trabalhos da Rainha do Pop.

No lançamento, Madonna surgiu linda como nunca, com cabelos cacheados e loiros. A alegria pelo nascimento da filha e pelo novo álbum estava estampada em seu rosto. A crítica talvez tenha percebido a mudança e recebeu *Ray of Light* da melhor forma possível. Os vocais estavam claramente melhores depois do esforço para as gravações de *Evita*. Com seu novo disco, faturou pela primeira vez o Grammy. Não apenas um, mas quatro de seis indicações. No Video Music Awards, faturou seis das nove indicações pelo vídeo da música que levou o nome do álbum. Também levou prêmios da VH1 e da MTV europeia.

Nas paradas, a performance de *Ray of Light* não poderia ser diferente. Nos Estados Unidos, estreou no segundo lugar da *Billboard*, vendendo 371 mil cópias apenas na primeira semana. Dois anos após o lançamento, já tinha quatro certificados de platina pela Associação Americana de Indústria Fonográfica. Também recebeu certificações em outros países. Ao todo, foram mais de 17 milhões de cópias em uma época em que a pirataria já havia diminuído bastante a vendagem de CDs em todo o mundo. *Frozen*, primeiro single lançado, foi o oitavo da diva a alcançar o número 1 no Reino Unido e foi número 2 no Hot 100 da *Billboard*. Os outros singles de *Ray of Light* também foram bem-sucedidos no mundo todo. Madonna estava radiante como o raio de luz do título. "Eu não trairia minha vida por nada. Fui muito abençoada, tive muitos privilégios. Mas ser famoso é uma agonia e um êxtase",[18] refletiu, na época.

A diferença entre *Ray of Light* e os outros discos anteriores era tão gritante que não era possível esconder. Madonna estava amando pela primeira vez e se sentindo amada. O fato de ser mãe sem ter vivido com uma mãe transformara aquela mulher anteriormente egoísta em uma pessoa sensível e feliz. A Madonna extravagante e polêmica ficara no passado. Com mais de quarenta anos de idade, ela finalmente amadurecera: "Minha filha não sabe que eu sou famosa. O que ela sente por mim é um amor completamente incondicional, uma forma de amor que nunca conheci antes, já que cresci sem mãe. Quando você tem filhos, se distancia de si mesmo... e se vê sob uma perspectiva diferente".[19]

2000 - *Music*

Dois anos depois do sucesso rápido como um raio de luz do disco *Ray of Light*, a vida pessoal da diva do pop passara por mais algumas mudanças. Em uma festa na casa de seu amigo Sting, conheceu um novo amor, o cineasta inglês Guy

---

[18] *ShowBizz*, março de 1998.

[19] Lucy O'Brien, *Madonna 50 anos*, p. 304.

Ritchie. Mudou-se para Londres, casou-se e, em fevereiro de 2000, descobriu que estava grávida de seu segundo filho.

O oitavo disco de estúdio da cantora, *Music*, foi lançado um mês depois do nascimento de Rocco, em setembro de 2000. Mais uma vez, chamou um produtor desconhecido. "Esse é o som do futuro", pensou quando ouviu uma fita do compositor e produtor francês Mirwais Ahmadzaï. As gravações começaram em setembro de 1999 em Londres. Embora não gostasse de se repetir, Madonna chamou Willian Orbit para produzir algumas canções.

Parece contraditório: *Music* não é visto pelos fãs e pela crítica com os olhos tão positivos como foi *Ray of Light*. Mas em termos de venda, foi muito melhor. Seu primeiro single, que recebeu o mesmo nome do álbum, tornou-se um grande hit que até hoje embala multidões nas discotecas e principalmente nas turnês de Madonna – desde então, ela tocou a música em todos os shows, sempre com versões diferentes. Para a exigente revista *Rolling Stone*, *Music* é um dos 500 melhores álbuns de todos os tempos. Vendeu mais de 15 milhões de cópias, tornando-se o mais vendido da Rainha do Pop nos anos 2000. Ao escutar *Ray of Light* e *Music*, fica clara a diferença: o último é bem mais pop, menos introspectivo e reflexivo, mais dançante. Enquanto *Ray of Light* emociona os fãs, *Music* é para as massas e não faz ninguém pensar, apenas dançar. "Todas essas músicas meio que dizem 'eu te amo, mas não tô nem aí para você'." "'Amazing' é sobre amar alguém que você preferia não amar. Você sabe que vai se dar mal, mas não consegue deixar de amar essa pessoa, porque a sensação é simplesmente maravilhosa, é *amazing* maravilhosa)."[20] Essa simplicidade caiu nas graças do público.

---

[20] *The Face*, 2000.

O single "Music" foi o maior sucesso de Madonna desde "Take a Bow". Foi o 12º compacto número 1 da Diva na *Billboard*. O álbum teve cinco indicações ao Grammy e alcançou a primeira posição das paradas na primeira semana de lançamento em 23 países em todo o mundo. Nos primeiros dez dias, foram mais de 4 milhões de cópias vendidas – vale lembrar que o disco inteirinho já havia vazado na internet, fato que fez Madonna entrar em ação judicial contra o programa de troca de músicas Napster.

A diva estava ainda mais feliz. Uma matéria de capa da revista *Rolling Stone* daquele ano estimou que a cantora valesse mais de 600 milhões de dólares. Ela tinha tudo nas mãos: fama, dinheiro, uma carreira estável e consolidada, com os escândalos do passado praticamente esquecidos. A autocrítica tomou conta dela. Nessa época, Madonna mostrava uma vontade de apagar seu passado. No clipe de "Music", ela se transforma em um desenho animado que destrói letreiros com os nomes de suas músicas antigas. "Eu era incrivelmente petulante, complacente comigo mesma, ingênua", avaliou, em 2000. "Mas precisei fazer todas aquelas coisas para chegar onde cheguei, e estou feliz com o que sou agora. Não tenho arrependimentos. Mas sabe de uma coisa? Adoro aquela pessoa também. Foi ela quem me trouxe até aqui".[21]

2001 – *GHV2 (Greatest* Hits *Volume 2)*

Em 2001, enquanto Madonna lançava em DVD a turnê que a trouxe de volta aos palcos depois de oito anos (saiba mais no capítulo Volta ao mundo), foi lançada também sua segunda coletânea de maiores sucessos, o *Greatest* Hits

---

21 J. Randy Taraborrelli, *Madonna, uma biografia íntima*, p. 418.

Volume 2, apelidado de *GHV2*. Para insatisfação dos fãs, não trazia nenhuma música inédita. Talvez por essa razão tenha vendido apenas 1 milhão de cópias nos Estados Unidos – apesar de disco de platina, pouco para a Rainha do Pop – e 7 milhões no restante do mundo. Foi o 12º disco mais vendido de 2001.

O lançamento foi onze anos após sua última coletânea de sucessos, *The Immaculate Collection*, e trouxe os hits desde *Erotica* até *Music*. "Queria colocar no CD apenas músicas que eu pudesse ouvir cinco vezes de uma tacada só", disse Madonna em entrevista a Jo Whiley, da BBC. Além de sentir falta de novidades, os fãs também não gostaram da ausência de algumas músicas que marcaram essa segunda fase da carreira da diva, como "Rain" (já estava na coletânea de baladas *Something to Remember*); "Fever" ou "American Pie" (Madonna odeia essa versão que fez para a música de Don McLean para seu filme *Sobrou pra você)*.

A produção de *GHV2* soou ainda mais preguiçosa para os fãs quando perceberam que sua musa não fizera nem mesmo um ensaio fotográfico para a capa do álbum. Em vez disso, aproveitou o ensaio fotográfico feito por Regan Cameron para divulgar a turnê. No encarte, acrescentou fotos de toda a sua carreira. Nenhum single foi oficialmente lançado. Os fãs viram aquilo como simples cumprimento de contrato, sem a famosa preocupação que Madonna tem com tudo que faz profissionalmente. Com certeza não é dos discos favoritos para aqueles que acompanham sua carreira – para não dizer que é esquecido. Mas para quem não a conhece, pode ser um bom começo.

2003 - *American Life*

Tudo estava indo bem, mas a Rainha do Pop teve um novo tropeço em 2003. Tropeço não, fracasso. Talvez esta seja a palavra ideal para descrever seu próximo álbum, *American Life*.

As gravações deste CD começaram no final de 2001 e foram interrompidas para que ela participasse da filmagem de *Destino insólito,* filme dirigido por seu marido. Quando ela retornou aos estúdios, o assunto em pauta no mundo inteiro era a guerra que os Estados Unidos pretendiam fazer contra o terrorismo após os ataques de 11 de setembro.

Com a produção, mais uma vez, de Mirwais Ahmadzaï, *American Life* era musicalmente muito bom. Foi lançado em 22 de abril de 2003 e tinha baladas incríveis e faixas um pouco dançantes. Como *Ray of Light*, mostrava o estado de espírito de Madonna. Esse tema fora sucesso da outra vez, mas agora parecia ser a razão de seu fracasso. Ela estava brava com a postura do governo norte-americano na época, que pretendia atacar o Iraque para combater um suposto terrorismo por parte deste país. "É uma reflexão sobre o meu estado de espírito e uma visão do que o mundo está passando nesse momento",[22] justificou. Colocou foco nesse tema e foi tachada de não patriota.

A primeira música lançada foi "American Life", que criticava o estilo de vida norte-americano e ainda trazia algo que Madonna nunca fez e que foi motivo de uma inundação de críticas: um rap. Para piorar, houve a polêmica do clipe censurado por ela mesma. Gravou um clipe para "American Life" vestida de militar e simulando um ataque terrorista em

[22] Lucy O'Brien, *Madonna 50 anos*, p. 344.

um desfile de moda. No final do clipe, joga uma granada em um ator parecido com o então presidente norte-americano, George W. Bush. A repercussão foi tamanha que ela mesma decidiu suspender o lançamento do vídeo – que já circulava na internet – assim que os Estados Unidos atacaram o Iraque (leia mais sobre este clipe no capítulo Carreira polêmica). Na capa do álbum, Madonna posara como o ícone revolucionário Che Guevara. "Gosto do que Che representa e me senti revolucionária enquanto escrevi o disco", disse, ao se apresentar no programa *Top of the Pops.*

Resultado: um bombardeio (literalmente) de críticas, 4 milhões de cópias vendidas no mundo todo, boicote de suas músicas e de seu álbum em várias rádios norte-americanas. Pela segunda vez, o álbum todo foi mal-interpretado por causa de uma polêmica. "Hollywood", segundo single de *American Life*, foi o primeiro da cantora nos últimos vinte anos a não entrar no Hot 100 da *Billboard*. Os lançamentos seguintes também não obtiveram sucesso. *American Life* foi seu álbum de pior vendagem.

Para colocar a carreira novamente em suas mãos, Madonna teve de se reinventar. Pegou seu bem mais precioso, que é seu repertório musical, e saiu em turnê. Surgiu, então, a *Re-Invention World Tour*. Mais uma cartada de mestre da Rainha do Pop. Ela aproveitou o bom resultado que o fracassado *American Life* tinha nas danceterias e lançou um EP (um disco com menor quantidade de músicas) com remixes de três músicas do álbum; uma versão ao vivo de "Hollywood" e "Like a Virgin", gravada com Britney Spears e Christina Aguilera no Video Music Awards de 2003; uma música inédita e uma regravação de "Into the Groove" (leia mais sobre essa turnê no capítulo Volta ao mundo).

2005 - *Confessions on a Dance Floor*

Em alguns momentos, a carreira de Madonna alcançou níveis baixos. Mas quando ela se reergueu, sempre o fez da melhor forma possível e deixou todos, fãs ou não, de queixos caídos.

No final de 2005 e por um bom período de 2006, Madonna era o principal assunto em pauta no mundo pop. Por todos os lados se ouvia o hit "Hung Up". O visual utilizado por ela bombardeou os clubes. Embora nunca tenha deixado o posto de Rainha do Pop, agora ela reinava absoluta, conquistando públicos diferentes e deixando a mídia a seus pés.

A razão de tamanho sucesso chama-se *Confessions on a Dance Floor*, álbum lançado em 15 de novembro de 2005. Assim como *Like a Prayer*, *Confessions* foi um grande álbum feito em um momento em que a cantora não estava bem. Dessa vez, o problema não era emocional, mas sim um grave acidente sofrido por ela. Em 16 de agosto daquele ano, quando completava quarenta e sete anos de idade, ela praticava seu novo hobby favorito, o hipismo, quando sofreu uma queda do cavalo.

A *pop star* foi mandada às pressas para um hospital de Londres e sofreu fraturas em três costelas, na clavícula e na mão esquerda. Ela saiu do hospital poucas horas depois, caminhando normalmente, mas passou por um longo período de recuperação, no qual uma grande preocupação era se conseguiria dançar com o mesmo vigor de antes.

Em breve, Madonna apareceria publicamente mostrando sua incrível energia e capacidade de recuperação. Gravou um comercial de celular com uma tipoia no braço, sorridente e confiante. Acostumada a malhar diariamente, ela não conseguia ficar parada e concentrou sua energia física na gravação de *Confessions on a Dance Floor*.

Para este álbum, ela convocou o produtor e DJ Stuart Price, com quem havia produzido algumas músicas de *American Life*. As primeiras canções surgiram quando Madonna editava horas de gravação da última turnê para o documentário *I'm Going to Tell You a Secret*. Cansada, ela queria dançar. Buscou influências na *disco music* dos anos 1970 e queria algo que fosse dançante do começo ao fim, resgatando a ideia que a incentivou no início da carreira. Como um set de DJ, não há intervalo entre as músicas. Apesar de dançantes, as músicas mostram sentimentos, por isso o álbum recebeu o nome de *Confissões em uma pista de dança*.

Ela pediu a Price que uma das canções soasse como "Abba sob efeito de drogas". Assim, surgiu "Hung Up", hit criado com a base musical de "Gimme Gimme Gimme", do Abba. Foi o mais bem-sucedido single daquele ano no mundo todo, alcançando o número um em nada menos que 45 países, levando-a ao *Guinness World Records*. "'Hung up' fala sobre como se deve agarrar a oportunidade quando ela aparece para você, ou, do contrário, você vai acordar um dia e será tarde demais."[23] Os outros três singles, *Sorry, Get Together* e *Jump*, também tiveram excelente desempenho.

Fãs e crítica concordaram em uma coisa: a velha Madonna estava de volta, em sua melhor forma. O reflexo de tudo isso começou antes mesmo de o álbum ser lançado, quando vazou inteiro na internet e ganhou rapidamente as pistas de dança nas versões originais ou em mixes criados por fãs. Após o lançamento, rapidamente o disco foi para o

---

23 Lucy O'Brien, *Madonna 50 anos*, p. 398.

topo das paradas na maioria dos países. Foi o sexto álbum de Madonna a alcançar o número um na parada da *Billboard*, vendendo cerca de 12 milhões de cópias no mundo todo. Ela faturou mais um Grammy e um Brit Awards.

Como alcançou tamanho sucesso depois de um álbum fracassado?

"Quando escrevi *American Life*, estava muito agitada com as coisas que aconteciam à minha volta. Eu estava zangada. Tinha muita coisa engasgada em meu peito. Fiz muitas declarações políticas. Mas, agora, sinto que só quero me divertir, quero dançar, quero sentir a vibração das pessoas e quero que elas se sintam como eu. Há muita loucura no mundo ao nosso redor, eu só quero que sejamos felizes."

Madonna desisitu.

Para samplear a canção do Abba, Madonna escreveu, pessoalmente, uma carta para os compositores Benny Andersson e Björn Ulvaeus, famosos por não cederem direitos autorais facilmente. Ela literalmente implorou: "Enviei um agente a Estocolmo para levar minha carta. Disse o quanto idolatrava o trabalho deles e expliquei que se tratava de uma homenagem. Eles tiveram de pensar a respeito, eles nunca deixam ninguém samplear a música deles. Podiam ter dito não. Mas, graças a Deus, disseram sim".[24]

No álbum, ela também sampleou Pet Shop Boys, Depeche Mode, Daft Punk e utilizou a base da canção "I Feel Love", de Donna Summer, em "Future Lovers".

"Um retorno à boa forma da Rainha do Pop", afirmou a *Billboard*. Para a Allmusic, *Confessions* foi o primeiro álbum em que Madonna soa como uma musicista veterana. A BBC disse que era o disco mais comercial feito pela diva nos

---

24 Lucy O'Brien, *Madonna 50 anos*, p. 399.

últimos quinze anos. Para os fãs que sempre a acompanham, "mágica" é a palavra que melhor definiu aquele momento. Estavam todos extasiados em vê-la de volta com canções que faziam dançar e, ao mesmo tempo, emocionavam, incentivavam. Eram como autoajuda bem-feita. Uma psicoterapia por meio da música. Ela conseguiu, mais uma vez.

2008 - *Hard Candy*

Para coroar o sucesso de *Confessions on a Dance Floor*, Madonna saiu em turnê mundial (*Confessions Tour*) e criou uma expectativa: o que viria pela frente? Será que a Rainha do Pop, completando cinquenta anos em 2008, iria se aposentar do mundo musical e criar seus filhos tranquilamente? Mas, e se ela continuar, como será seu próximo álbum?

Madonna nunca cogitou se aposentar e já disse isso inclusive na letra de suas canções, como em "Like it or Not" ("Você pode me amar ou odiar / Mas eu nunca vou parar") e em "Don't Tell Me" ("Nunca me mande parar"). Em 2007, um contrato milionário com a Live Nation confirmou que ela ainda faria muitos shows e discos. Então, somente restava aos fãs imaginar aonde chegaria a sonoridade de seu novo trabalho. Ao contrário dos CDs anteriores, quando procurou produtores desconhecidos, a Rainha do Pop não procurou nada diferente do que estava no mercado. Chamou Justin Timberlake, Timbaland, Pharrell Willians e Nate "Danja" Hills, produtores de *hip hop* que assinavam a maioria dos discos de sucesso da época.

Hard Candy, lançado em abril de 2008, foi seu último disco de estúdio pela Warner, gravadora com a qual começou sua carreira. Foi o 17º álbum mais vendido em todo o mundo naquele ano, com 3,8 milhões de cópias, fazendo com que Madonna se tornasse a segunda mulher com mais álbuns número 1, atrás apenas de Barbra Streisand. O primeiro single, "4 Minutes", foi o mais vendido em 21 países e tornou-se o 37º hit no top 10 da *Billboard*.

Esperava-se mais deste álbum. Afinal, *Confessions on a Dance Floor* deixara os fãs malucos. Apesar de ter algumas músicas fantásticas – como "Miles Away" e "Devil Wouldn't Recognize You" – e de ter gerado uma turnê maravilhosa, a *Sticky & Sweet Tour*, *Hard Candy* deixara a desejar. O comentário geral foi o de que ela se rendeu ao *hip hop* para reconquistar o público norte-americano, que diminuiu consideravelmente a presença em seus shows desde *American Life*, e não arriscou fazer nada diferente, não quis se reinventar, como de costume. Para a maioria dos fãs, a capa de *Hard Candy* é a mais feia de todos os trabalhos da Rainha do Pop, além de ser o único disco de sua carreira que não traz seu nome na capa.

2009 – *Celebration*

Números oficiais da Recording Industry Association of America (Associação das Indústrias Fonográficas da América), consultados em dezembro de 2010, mostram que Madonna é a 15ª no *ranking* de artistas que mais venderam em todo o mundo. Ao todo, foram 64 milhões de álbuns apenas nos Estados Unidos desde o início da carreira. É a segunda mulher da lista (a primeira é Barbra Streisand, com 71,5 milhões) e está logo atrás dos The Rolling Stones. No mundo todo, foram 200 milhões de álbuns vendidos.

Em 2008, comemorou vinte e cinco anos de carreira com doze álbuns de estúdio, seis compilações, três CDs ao vivo, oito turnês mundiais e um contrato milionário para continuar no seu trono de Rainha do Pop. Para celebrar – literalmente –, a Warner Music lançou, em 2009, a mais recente e completa coletânea de sucessos, *Celebration*. A coletânea teve duas versões: uma mais simples, com um CD, e uma versão de luxo, com CD duplo (o CD duplo traz todas as canções do simples e mais algumas) e um DVD de vídeos.

Madonna devia aos fãs há muito tempo uma videografia completa. A maioria de seus vídeos não havia sido lançada oficialmente até o DVD de *Celebration*. Para dar um gostinho de coisa nova, ela incluiu as canções "Revolver" e "Celebration". A música título fez sucesso na parada *dance*, mas "Revolver", ignorada pela própria Madonna, que nem lançou videoclipe, não teve sucesso comercial.

Nos Estados Unidos, o álbum estreou em sétimo com 72 mil cópias vendidas na primeira semana. No Reino Unido, foram 77 mil álbuns no mesmo período, tornando-se o 11º álbum número 1 de Madonna na parada, mesma quantidade do então líder Elvis Presley.

2012 - *MDNA*

Era dezembro de 2010 e os fãs de Madonna tinham poucas notícias de sua diva. Envolvida na produção de seu segundo filme como diretora, ela falava em retornar aos estúdios, mas sem nada confirmado.

Até que enviou a tão esperada mensagem por meio de sua página no Facebook e também pelo seu empresário Guy Oseary, no Twitter: "É oficial! Preciso me mexer. Preciso suar. Preciso fazer música nova! Música que me faça dançar. Estou procurando pelas pessoas mais loucas, piradas, com quem possa colaborar".

Demorou mais seis meses até realmente entrar no estúdio com vários produtores, principalmente William Orbit – com quem trabalhou no conceituado e premiado *Ray of Light* – e Martin Solveig. O produtor Benny Benassi, que faz todo mundo dançar, assinou algumas faixas, incluindo "Girl Gone Wild".

No final de 2011, enquanto Madonna anunciava que o disco ia ser lançado provavelmente em março do ano seguinte, uma pesquisa da revista *Billboard* mostrava que aquele seria o álbum mais esperado de 2012.

O nome do novo álbum foi anunciado durante uma entrevista ao Graham Norton Show: *MDNA* é uma abreviatura meio moderninha para o nome Madonna. Foi só dizer que esse seria o nome de seu próximo disco para a Rainha do Pop voltar a causar polêmica. Grupos antidrogas reclamaram que ela estava fazendo apologia ao *ecstasy*, que também é chamado de MDMA. "Nada a ver", foi a resposta da equipe envolvida. "É uma brincadeira com letras e, dependendo da interpretação de quem lê, pode significar 'DNA da Madonna'", justificou a cantora M.I.A., parceira na canção "Give Me All Your Luvin'", para o *New York Post*. Foi M.I.A. quem sugeriu o nome MDNA. Ela também disse que não houve, "claro", nenhuma intenção de promover o uso de drogas. "Com exceção da inocente e mais excitante droga: a música."

MDNA é o primeiro álbum de Madonna lançado após o término do contrato com a Warner. O lançamento foi feito pela Interscope, um selo da Universal Music Group, já que a Live Nation, empresa que firmou contrato com a cantora, não possui gravadora, atuando mais como uma grande agência e produtora de shows.

Michael Ochs Archives/Getty Images

Madonna (ao centro) treinando com o grupo de líderes de torcida do qual participava na Adams High School em Rochester, EUA (1972).

Show da *The Virgin Tour* no Universal Amphitheater em Los Angeles, EUA (1985).

Juergen Vollmer/Getty Images
Atuando no filme *Quem é essa garota?* (1987).

Jim Steinfeldt/Getty Images
Show da *Who's That Girl Tour* no St. Paul Civic Center em St. Paul, EUA (1987).

Alain Benainous/Getty Images
Croqui do mais famoso figurino de Madonna, por Jean Paul Gaultier (1990).

Frank Micelotta/Getty Images
Na épica performance de “Vogue” no MTV Video Music Awards (1990).

Ke.Mazur/Getty Images
Com Niki Haris e Donna DeLory na première de *Na cama com Madonna* em Nova York, EUA (1991).

Mick Hutson/Getty Images
Apresentação da *Girlie Show* no Wembley Stadium em Londres, Reino Unido (1993).

Frank Micelotta/Getty Images
Foto de divulgação para o vídeo de
"Take a Bow" (1994).

Jon Furniss/Getty Images
Apresentação da *Drowned World Tour* no Palau Sant Jordi em Barcelona, Espanha (2001).

Kevin Kane/Getty Images
Na performance de abertura do MTV Music Awards, com Britney Spears e Christina Aguilera, em que beijou as duas cantoras na boca. (2003)

Dimitrios Kambouris/Getty Images
No mesmo ano do polêmico beijo, em sessão de leitura de *As maçãs do sr. Peabody*, o segundo livro que escreveu para o público infantil (2003).

Frank Micelotta/Getty Images
No ensaio final para a estreia da *Re-Invention World Tour* no The Forum em Los Angeles, EUA (2004).

Ke.Mazur/Getty Images

Ray Tamarra/Getty Images
Nos bastidores da filmagem de *W. E.* em Nova York, EUA (2010).

MCT/Getty Images
Show de intervalo do XLVI Superbowl, no Lucas Oil Stadium em Indianapolis, EUA (2012).

O primeiro single foi "Give Me All Your Luvin'", e o burburinho a respeito dele foi intenso por causa da primeira apresentação que a cantora fez na final do Super Bowl norte-americano. Este é um megaevento nos Estados Unidos – trata-se da final do campeonato nacional de futebol americano. O show que ocorre no intervalo sempre é um evento histórico: já se apresentaram no campeonato Michael Jackson, Diana Ross, Ella Fitzgerald, Paul McCartney, U2, Prince, Bruce Springsteen...

Faltava Madonna nesta lista de grandes nomes. Faltava. Ela fez um show à altura, no dia 5 de fevereiro de 2012, para mais de 114 milhões de telespectadores apenas nos Estados Unidos. E quebrou recordes: foi o programa mais visto da história da televisão norte-americana, superando até mesmo o jogo, que teve 3 milhões a menos de telespectadores.

Madonna surgiu no centro do estádio vestida de Cleópatra, sentada em um trono dourado, carregada por 150 gladiadores. Depois de 320 horas de exaustivos ensaios, a garota perfeccionista apresentou "Vogue", "Music", "Give Me All Your Luvin'" e "Like a Prayer" em uma produção recheada de efeitos especiais e com a colaboração do Cirque du Soleil, que trouxe uma performance mais leve e criativa ao show. Trinta e seis enormes telões no chão fizeram um espetáculo à parte. O coral de "Like a Prayer" teve duzentos membros. Tudo perfeito. Ou quase: só faltou Madonna cantar. Ela dublou todas as músicas.

Com a estrondosa repercussão do Super Bowl, o novo álbum cresceu aos olhos da mídia e do público. E Madonna abusou da internet para divulgá-lo. A edição de luxo do *MDNA* ficou disponível para pré-venda no iTunes em 51 países, e, antes mesmo do show, alcançou o número 1 em 50 deles. Foi a maior pré-venda de um álbum na história do iTunes.

Cinema: atriz e diretora

1981 – *Um certo sacrifício (A Certain Sacrifice)*

Em sua louca vontade de ser diferente, Madonna encontrou espaço para se expressar na dança. Antes mesmo de encontrar aberturas por meio da música, a adolescente descobriu outra área que amava: quando fez teatro, percebeu que queria ser atriz.

Quando voltou a Nova York, em 1979, depois de sua experiência desastrosa na França (leia no capítulo Fugir de casa: a melhor solução), tentou juntar dança e cinema ao fazer testes para o filme *Footloose – Ritmo louco* e para o musical *Fama*. Não foi escolhida para nenhum e continuava atenta às possibilidades que poderiam surgir e transformá-la em uma estrela de Hollywood.

Uma grande estrela jamais acharia uma vaga nos classificados. Mas, quem sabe, pensou ela, poderia ser o primeiro passo. Por isso respondeu imediatamente ao anúncio: "Precisa-se: mulher para filme de baixo orçamento. Tipo dominadora".

Madonna era a pessoa certa, mas precisava convencer o cineasta Jon Lewicki disso. Decidiu, então, incrementar seu currículo. Mencionava que acabara de voltar da Europa e acrescentou boa dose de ousadia à sua biografia: "Nasci e fui criada em Detroit, Michigan, onde iniciei minha carreira de petulância e precocidade. Quando estava na quinta série, já sabia que queria ser uma freira ou uma artista de cinema. Nove meses num convento me curaram da primeira doença. Durante o curso secundário, me tornei um pouco esquizofrênica, pois não era capaz de optar entre ser a virgem da turma e a outra coisa. As duas tinham suas vantagens, até onde eu podia determinar. Estava com quinze anos, comecei a ter aulas regulares de balé e a ouvir música barroca e, lenta e firmemente, passei a desprezar meus colegas de classe, professores e a escola de forma geral. Havia uma única exceção: minhas aulas de teatro".

O texto foi persuasivo o suficiente para derrubar outras trezentas candidatas. O filme era *A Certain Sacrifice* (*Um certo sacrifício*), e Madonna interpretava Bruna, uma dominadora do centro de Nova York que é estuprada no banheiro de um restaurante. Para se vingar do criminoso, ela e seu namorado, Dashiel, empregam "escravos sexuais" para realizar sacrifício humano satânico. *A Certain Sacrifice* foi filmado em duas partes, a primeira em outubro de 1979 e a segunda em novembro de 1981.

A Certain Sacrifice seria apenas mais um filme tosco a ficar esquecido numa prateleira suja de um pretenso diretor se a atriz principal não tivesse se tornado famosa alguns anos depois. Lewick tentou lançar o vídeo para ver se a cantora pagaria uma boa grana para evitar o estardalhaço. Ela só lhe ofereceu 5 mil dólares pelos direitos do filme e, ao ouvir uma recusa por parte do diretor, moveu processo para evitar a execução do filme. Não teve jeito: *A Certain Sacrifice* foi lançado, Lewick se tornou milionário e ainda se gabou de ter "descoberto" a nova musa pop nas ruas sujas de Nova York.

Os jornais estamparam: "Madonna tenta proibir filme com nu". Apesar da polêmica, ela não fez grande esforço para tentar encobrir essa parte negativa de seu passado. Logo a história foi esquecida e hoje o filme é facilmente encontrado na internet. Mas é bom avisar: não vale a pena assistir.

1985 - *Em busca da vitória (Vision Quest)*

Em seu primeiro filme oficial, *Em busca da vitória*, de 1985, Madonna interpreta uma cantora. Não era bem o que queria, mas ajudaria a manter os comentários sobre sua carreira musical e daria um pontapé para a ainda desejada carreira cinematográfica.

Ela criou duas canções para o filme: sua primeira balada, "Crazy For You", e a dançante "Gambler". Nele, o colegial Louden Swain, vivido por Matthew Modine, pratica luta livre e tenta perder dez quilos rapidamente para desafiar o melhor lutador do estado, mas se apaixona por Carla (Linda Fiorentino), uma mulher mais velha que o distrai de seu objetivo.

1985 - *Procura-se Susan desesperadamente (Desperately Seeking Susan)*

Em 1984, Madonna já conseguira sucesso como cantora e estava na hora de tentar emplacar sua carreira de atriz, afinal, ela ainda tinha um sonho de ser uma musa de Hollywood e acreditava ser suficientemente talentosa para isso.

Ficou sabendo de um roteiro que poderia ser o ideal: a produtora Susan Seidelman procurava elenco para uma comédia sobre uma dona de casa suburbana de classe média alta que, cansada de sua vidinha de dondoca, começou a procurar romances nos classificados. Foi então que descobriu a Susan do título, uma moça sem juízo. Depois de perder a memória, a dona de casa, chamada Roberta, acredita ser Susan e causa a maior confusão.

Susan Seidelman fez testes com Jennifer Jason Leigh, Melanie Griffith, Kelly McGillis, Ellen Barkin e Madonna. Todos os envolvidos concordaram que Madonna era a atriz ideal para o papel: Susan era espevitada, louca, atrevida, egoísta. Em novembro de 1984 começaram as filmagens e Rosanna Arquette foi escolhida para ser a dona de casa. Enquanto gravava, a carreira musical de Madonna crescia incrivelmente e, quando o filme foi lançado, iniciava sua primeira turnê mundial. "Into the Groove", canção criada para o filme, foi adicionada ao álbum *Like a Virgin*.

Em *Procura-se Susan desesperadamente*, Madonna não mostrava dotes de atriz e parecia interpretar a si mesma. Comercialmente, o filme foi um sucesso, pois fez parte do grande "pacote" que era a carreira daquela jovem ousada. E ela estava feliz. Para ela, era só o que importava.

1986 - *Surpresa de Shanghai (Shanghai Surprise)*

O primeiro fracasso da carreira de Madonna veio em 1986 e não foi em sua carreira musical. Insistindo em engrenar como atriz, decidiu trabalhar com seu marido, o ator Sean Penn, em uma produção cinematográfica com roteiro fraco, direção ruim e muita polêmica durante as gravações em razão dos acessos de raiva do irritado marido da estrela.

O filme, *Surpresa de Shanghai,* lançado em agosto de 1986, era uma produção do ex-Beatle George Harrison e contava a história da missionária Gloria, que viaja até a

China para conseguir ópio a fim de aliviar a dor de soldados feridos na guerra. Oferecendo uma passagem de volta aos Estados Unidos como pagamento, ela consegue a ajuda de Glendon Wasey (Sean Penn), um comerciante, para roubar um carregamento da droga.

A chegada do casal Penn à China foi uma loucura. A imprensa não parava de persegui-los para fazer o máximo possível de fofocas sobre o casamento mais polêmico daquele ano. Enquanto ela adorava os holofotes, Penn brigava o tempo inteiro com os jornalistas. Com tanta confusão, Madonna e Sean se recusaram a fazer publicidade e, posteriormente, ela chegou a falar mal do filme. "Eu havia acabado de me casar. Era tudo muito novo pra mim e meu ex-marido meio que impunha sua maneira de ver em todo o projeto. Como eu tinha todo aquele fascínio por ele, deixei-o tomar um monte de decisões que não deveria ter deixado",[25] justificou.

A produção custou 17 milhões de dólares, mas o filme só arrecadou 2,2 milhões. Para o produtor, a culpa do fracasso era do casal Penn, que deveria ser justamente o principal atrativo para o aumento da bilheteria. "Tínhamos o roteiro errado, o diretor errado (Jim Goddard) e as estrelas erradas", disse George Harrison. O fracasso e a decepção foram tão grandes que se especula que Madonna nunca assistiu ao filme.

1987 – *Quem é essa garota? (Who's That Girl?)*

A sofrível experiência de *Surpresa de Shanghai* não fez Madonna desistir. Em agosto de 1987, lançou mais um

[25] J. Randy Taraborrelli, *Madonna, uma biografia íntima*, p. 146.

filme: *Quem é essa garota?*, uma comédia dirigida por James Foley em que, mais uma vez, parecia interpretar ela mesma. Tudo bem que Nikki Finn, a personagem, é uma ex-presidiária, mas a semelhança estava no jeito espevitado, arrogante e egoísta, que também existia em Susan.

Nikki foi acusada injustamente de assassinato e passou quatro anos na cadeia. Seu advogado, Louden Trott, interpretado por Griffin Dunne, tem a missão de colocá-la no ônibus de volta para a Filadélfia, mas ela quer sua ajuda para pegar o responsável por sua prisão. Eles se apaixonam e passam por verdadeiras confusões até descobrirem o real assassino.

O lançamento foi durante grande evento na Times Square, onde Madonna discursou para uma multidão de fãs e relembrou quando chegou a Nova York, em 1978, naquela mesma Times Square, "com 35 dólares no bolso". Em sua primeira exibição, *Quem é essa garota?* atingiu lotação máxima e vendeu todos os seus ingressos rapidamente. Mas o sucesso não permaneceu. Nem crítica nem bilheteria foram satisfatórias. "Eu não gosto daquele filme",[26] disse, em fevereiro de 2000.

1989 – *Doce inocência (Bloodhounds of Broadway)*

Insistindo em se tornar bem-sucedida no cinema, Madonna interpretou, em 1989, uma cantora de cabaré chamada Hortense Hathaway, em *Doce inocência*, filme que foi apresentado apenas na televisão. Este musical é baseado em

---

[26] J. Randy Taraborrelli, *Madonna, uma biografia íntima*, p. 158.

quatro contos de Damon Runyon. Com Jennifer Grey, ela canta "I Surrender Dear". O filme não foi lançado em DVD.

1990 – *Dick Tracy*

Uma oportunidade para ser agarrada pela garota ambiciosa: em 1988, Madonna ficou sabendo que Warren Beatty procurava elenco para adaptar ao cinema o personagem de quadrinhos Dick Tracy. Warren pensou em Kathleen Turner ou Kim Basinger, mas ambas estavam ocupadas. Foi então que ela surgiu com seu conhecido poder de persuasão e fez de tudo para convencer o produtor. Relutante, Warren decidiu oferecer um salário baixo a ela, talvez pensando que ela recusaria a oferta de 1 440 dólares por semana. Mas a vontade de ser uma estrela de Hollywood – afinal, até então não conseguira êxito nas telonas – falou mais alto e aceitou.

Dick Tracy, interpretado por Warren Beatty, é um detetive de polícia. O vilão, Big Boy Caprice (Al Pacino), quer dominar a cidade, comandar todos os bandidos, e arquiteta um plano para tirar Tracy de seu caminho. Big Boy rouba inclusive a namorada de seu principal rival, a sedutora Breathless Mahoney, interpretada por Madonna, que testemunha alguns crimes e é chamada por Tracy para depor. Breathless usa todo o seu charme para seduzir o detetive.

O filme estreou em junho de 1990, com grande expectativa do público e faturando alto. O bom resultado da estreia não permaneceu e, ao final, o filme teve rendimento de apenas 104 milhões de dólares. Embora namorasse o produtor – a cantora conseguiu seduzir Warren Beatty –, Madonna estava insatisfeita com a forma como editaram suas apresentações.

Dick Tracy teve sete indicações ao Oscar, ganhando três delas: melhor canção original, por "Sooner or Later", melhor maquiagem e melhor direção de arte. Madonna cantou a canção tema no Oscar com um vestido sedutor, joias caríssimas emprestadas, cabelos loiros no estilo Marilyn Monroe e um parceiro inesperado: ela foi à festa acompanhada de Michael Jackson, a única aparição pública do Rei e da Rainha do Pop.

1991 - *Na cama com Madonna (Truth or Dare)*

Na cama com Madonna foi um documentário polêmico lançado em 1991 que mostrou os bastidores da turnê mundial *Blond Ambition*, de 1990. Alek Keshishian foi contratado para filmar cada detalhe de sua equipe trabalhando. Mostra a cantora passando o som, fazendo maquiagem, ensaiando, comendo, fazendo massagem, tudo de forma bem espontânea. Mas a maior parte do documentário não é nada espontânea. Madonna visita o túmulo de sua mãe, reencontra uma amiga de infância, consulta um otorrinolaringologista, simula sexo oral com uma garrafa de vidro, briga com seu namorado e se mostra bem próxima a seus bailarinos – fato que também parece ter sido simulado, uma vez que ela não tem o costume de manter contato íntimo com as pessoas que trabalham em suas turnês.

A *Blond Ambition Tour* já causava controvérsia por mostrar uma simulação de masturbação no palco, em uma performance de "Like a Virgin". Ela conseguiu ser ainda mais polêmica no filme e apimentou ainda mais a publicidade em torno dela ao aparecer no festival de Cannes, em 1991, para a *première* de *Na cama com Madonna*. Ela surgiu no meio dos fotógrafos com cabelos pretos, um coque alto, envolvida em uma capa rosa. Quando todos estavam a postos, aguardando que ela falasse, simplesmente deixou a capa cair e se exibiu em lingeries brancas com o famoso sutiã em formato de cone, criado por Jean Paul Gaultier. A lingerie era discretíssima – em vez de calcinhas, um shortinho – mas a polêmica já estava causada.

Polêmicas à parte, o filme foi bem recebido pela crítica e, principalmente, pelos fãs, que adoraram ver como a diva agia nos bastidores. Tornou-se o documentário mais bem-sucedido até então, faturando mais de 20 milhões de dólares. As cenas de *backstage* são exibidas em preto e branco e são intercaladas por algumas cenas do show, gravadas em Paris, em julho de 1990.

1992 – *Neblina e sombras (Shadows and Fog)*

Em 1992, Madonna fez uma pequena aparição no filme *Neblina e sombras,* de Woody Allen. A história se passa em uma pequena cidade da Alemanha aterrorizada por um assassino serial que mata suas vítimas estranguladas. Os moradores se reúnem e tentam encontrar o criminoso para fazer justiça com as próprias mãos, uma vez que as autoridades não dão muita atenção ao caso.

Woody Allen interpreta Kleinman, um homem que só está preocupado com uma promoção no trabalho. Mia Farrow é Irmy, a engolidora de espadas de um circo que está se apresentando na cidade. Irmy flagrou seu marido, vivido por John Malkovich, nos braços de outra artista do circo, a trapezista Marie, interpretada por Madonna. Kleinman tenta encontrar o assassino e proteger Irmy.

Apesar de ser um filme de Woody Allen, *Neblina e sombras* foi um fracasso de bilheteria.

1992 - *Uma equipe muito especial (A League of Their Own)*

O currículo cinematográfico de Madonna ganhou alguns pontos em 1992 com a comédia *Uma equipe muito especial*, de Penny Marshall. Conta uma história fictícia da Liga Americana de Beisebol Feminino Profissional e traz estrelas como Geena Davis, Tom Hanks, Rosie O'Donnell e Lori Petty.

Em Oregon, no ano de 1943, jogadores profissionais de beisebol foram convocados para lutar na Segunda Guerra Mundial. Assim, os times femininos, até então amadores, conseguiram ter algum destaque. As irmãs Dottie Hinson (Geena Davis) e Kit Keller (Lori Petty) trabalham em uma fazenda da região e começam a jogar beisebol, quando vivenciam uma grande rivalidade.

Um empresário decide montar uma liga feminina e as irmãs acabam sendo convocadas a jogar. Conhecem outras jogadoras, entre elas a bela Mae, interpretada por Madonna, que adora aparecer. Elas vivem muitas confusões, inclusive com o treinador alcoólatra (vivido por Tom Hanks), até que a coordenação resolve acabar com a liga de beisebol.

Uma equipe muito especial foi um sucesso de bilheteria, faturando mais de 130 milhões de dólares, e foi bem recebido pela crítica. Madonna compôs a música "This Used to Be My Playground" para a trilha sonora.

1993 - *Corpo em evidência (Body of Evidence)*

O ano de 1993 foi o período polêmico da carreira de Madonna, com o lançamento do álbum *Erotica* e do livro de fotos sensuais *Sex*. Para fechar o círculo, ela decidiu polemizar também no cinema e surgiu em cenas pervertidas em *Corpo em evidência*, filme de Dino De Laurentiis, categorizado como erótico.

Madonna vive Rebecca Carlson, uma dona de galeria que namora um velho milionário e com ele pratica sadomasoquismo. O velho morre durante uma das picantes sessões de sexo do casal e após consumo de cocaína. Rebecca é acusada de matá-lo e se envolve sexualmente com seu advogado, Frank Delaney, interpretado por Willem Dafoe.

As críticas foram grandes contra o filme e contra Madonna. Ela ganhou o "Framboesa de Ouro" como pior atriz do ano. *Corpo em evidência* foi um fracasso de bilheteria. Mais uma vez, ela não se culpou, mas resmungou: "O que eu adorei originalmente sobre o papel, no primeiro roteiro, era que minha personagem não morria. Mas, no fim, eles me mataram e me senti como se tivesse sido sabotada, de certa forma. Quando o filme foi lançado, fui totalmente responsabilizada por ele. Era minha culpa que todo mundo fizesse filmes ruins".[27]

---

[27] J. Randy Taraborrelli, *Madonna, uma biografia íntima*, p. 284.

1993 - *Olhos de serpente (Dangerous Game - Snake Eyes)*

Nada era tão ruim que não poderia piorar. Chateada pelo fracasso de *Corpo em evidência*, Madonna perdeu a oportunidade de ficar quieta ao aceitar outro papel em mais um fracasso cinematográfico. Dessa vez, interpreta uma péssima atriz (será que existe alguma indireta nisso?) que faz sexo com todo mundo que passa pela frente.

Eles gravam um filme sobre um casamento destruído. Os atores começam a misturar vida real com cinema e vivem um relacionamento doentio. Ela apanha, é estuprada, arranca as roupas, tem os cabelos cortados. "Mesmo sendo um péssimo filme, que eu odeio, estou boa nele",[28] disfarça. O filme é realmente péssimo, foi bombardeado pela crítica e nem os fãs engolem. Mas recebeu um ou outro comentário positivo, como da revista *Slant*, que afirmou ser a obra de arte da Rainha do Pop.

1995 - *Grande Hotel (Four Rooms)*

Grande Hotel traz quatro histórias que envolvem um porteiro de hotel em seu primeiro dia de trabalho. Madonna está na primeira história, "O ingrediente que faltava", dirigida por Allison Anders. Uma irmandade de cinco bruxas se reúne na suíte nupcial para tentar desfazer um feitiço. Ela é a bruxa Elspeth.

Cada bruxa tinha de levar um ingrediente, mas uma delas não conseguiu sêmen para a receita e suas colegas

---

[28] Mick St. Michael, *Madonna "Talking" - Madonna in Her Own Words*, p. 61.

tiveram de correr atrás. Com uma história como essa, não se poderia esperar mais do que outro grande fracasso.

1995 - *Sem fôlego (Blue in the Face)*

Nesta comédia de Paul Auster e Wayne Wang, Madonna faz apenas uma pequena participação como uma garota que entrega telegramas com mensagens cantadas.

1996 - *Garota 6 (Girl 6)*

Mais uma pequena participação de Madonna, desta vez como uma das chefes de uma agência de telessexo. A direção é de Spike Lee.

1996 - *Evita (Evita)*

Se Madonna fosse viver só de cinema, não teria nem parte do sucesso alcançado em sua trajetória como performer. Pelo descrito até agora de sua carreira cinematográfica, já foi possível provar essa afirmação. Mas ela queria provar que poderia ser diferente, que todo o seu fracasso era apenas porque escolheu filmes errados: "Eu queria muito ser reconhecida como atriz. Descobri que se você se cerca de grandes roteiristas, grandes atores, um grande diretor, um grande figurinista etc., é muito difícil dar errado. Eu era afoita para fazer filmes e não me certifiquei de que todos esses elementos estivessem em ordem e fossem bons. É uma perda de tempo realizar algo medíocre. A menos que se acredite absolutamente em todos os aspectos da produção, é melhor não perder seu tempo".[29]

Ao saber que Alan Parker filmaria o musical *Evita*, de Andrew Lloyd Webber, Madonna achou que aquele seria o papel de sua vida. Era a oportunidade de provar que ela tinha talento para atuar e que seu passado cinematográfico não passava de escolhas infelizes. Mas como convencer o diretor a chamá-la para esse papel se tantas atrizes talentosas, como Glenn Close, Michelle Pfeiffer e Meryl Streep, estavam cotadas para encarnar Evita?

Michelle Pfeiffer, que era a mais cotada, engravidou. O caminho parecia livre e ela se aproveitou de sua semelhança física com a personagem principal, a grande dama argentina Eva Perón. Decidiu escrever uma carta para Alan Parker. "Prometo que vou cantar, dançar e atuar de corpo e alma se você me der a oportunidade. Deixo minha vida e carreira em suspenso para devotar todo o tempo e energia ao filme." Aproveitou para enviar o clipe de "Take a Bow", onde aparece com visual latino semelhante ao de Eva Perón.

O poder de persuasão de Madonna mais uma vez foi decisivo para conseguir o que queria: Alan Parker a escolheu para o papel mais desejado de sua vida. Para o compositor do musical, Andrew Lloyd Webber, a voz limitada da cantora seria suficiente para eliminá-la da disputa. Mas Andrew não se opôs à escolha do diretor e a cantora começou a tomar aulas de canto para superar suas limitações vocais. "De repente, percebi que estivera usando apenas metade de minha voz", contou, mais tarde, ao *Los Angeles Times*.

Mas as dificuldades estavam apenas começando. Madonna havia prometido a Alan Parker dar o melhor de si para ser a melhor Evita Perón que ele poderia ter, e ela

---

29 Mick St. Michael, *Madonna "Talking" – Madonna in Her Own Words*, p. 55.

realmente teria de trabalhar duro para isso. Foram várias dificuldades durante as gravações, situações em que Madonna mostrou ter humildade e estabilidade emocional o suficiente para contornar os problemas e solucioná-los o mais brevemente possível. O primeiro grande momento foi durante os ensaios para a gravação, em setembro de 1995, em Londres. Nervosa, ela se atrapalhou toda ao cantar "Don't Cry for Me Argentina" na frente de Andrew Lloyd Webber. Chateada com seu desempenho vocal, saiu correndo e chorando do estúdio.

Outro momento de tensão foi quando chegou a Buenos Aires em fevereiro de 1996 para iniciar as gravações. Os argentinos não queriam uma mulher pervertida como Madonna interpretando a tão querida Eva Perón. Os protestos foram intensos e o presidente Carlos Menem parecia concordar com a população ao impedir a equipe de filmar em locais importantíssimos para a história, como a Casa Rosada, fato que levou a Rainha do Pop a intervir pessoalmente, agendando uma audiência com o presidente e implorando sua permissão. Com uma pitada de sedução, é claro.

Para completar, Madonna começou a se sentir um pouco indisposta. Um exame de gravidez confirmou que em breve ela não iria mais caber no figurino de Evita Perón. Contou para Alan Parker que estava grávida. "Quanto?", perguntou ele. "Quero dizer, para quando é?" Foi preciso antecipar as cenas de dança e mudar o cronograma para que a barriga não atrapalhasse a grande produção. As gravações terminaram em 27 de maio de 1996, quase no quarto mês de gestação.

Foram 229 cenas, 40 mil figurantes em roupas de época, 320 cenários, 24 mil objetos de cena, cerca de 6 mil figurinos trazidos de lojas de Londres, Roma, Paris, Nova

York, Los Angeles e São Francisco. Só o guarda roupa de Evita Perón tinha 85 roupas, 39 chapéus, 45 pares de sapatos e 56 pares de brincos. Com isso, Madonna quebrou o recorde de Elizabeth Taylor em *Cleopatra* (1963) pela maior troca de roupas em um filme.

O orçamento foi de 56 milhões de dólares e o filme faturou mais de 141 milhões em todo o mundo. A atriz se empenhou de corpo e alma também na divulgação do musical, viajando a muitos países, concedendo entrevistas e participando de editoriais fotográficos vestida de Evita. Finalmente ela foi elogiada. *Evita* recebeu cinco indicações ao Oscar e ganhou por canção original, com "You Must Love Me". No Globo de Ouro, a recepção foi mais calorosa: das cinco indicações, faturou três, incluindo o de melhor atriz. Na premiação, cerca de dois meses após ter dado à luz Lourdes Maria, conhecida como Lola, Madonna apareceu gordinha e sorridente como nunca.

2000 – *Sobrou pra você (The Next Best Thing)*

Abbie (Madonna) e Robert (Rupert Everett) são melhores amigos. Robert é gay, mas, um dia, durante uma bebedeira, os dois acabam passando a noite juntos e Abbie fica grávida. Eles decidem criar o filho, Sam, como se fossem uma família comum. Tudo dá certo até que Abbie começa a namorar outro homem e começa a ver Robert como um empecilho. Os dois entram em batalha judicial para decidir a guarda de Sam.

Para a trilha sonora de *Sobrou pra você*, a cantora compôs a música "Time Stood Still" e regravou o sucesso "American Pie", de Don McLean. Foi Rupert Everett quem convenceu a amiga a regravar a música. Mas, ao que parece, ela detesta essa versão, ao contrário do próprio Don McLean, que elogiou dizendo que foi "o presente de uma deusa".[30]

Apesar de ser um filme agradável de assistir, bem ao estilo "Sessão da Tarde", *Sobrou pra você* foi outro fracasso para Madonna. "Acho que metade dos meus filmes é bom, a outra metade é uma merda", concluiu. [31]

2002 - Destino insólito (Swept Away)

O fracasso de 2002 ficou por conta de *Destino insólito*, um *remake* do diretor Guy Ritchie – coincidentemente ou não, marido de Madonna na época – de um filme italiano homônimo.

O casal passou um mês em Malta para as gravações logo após os atentados terroristas de 2001 e o término da *Drowned World Tour*, a quinta turnê de Madonna. Amber (Madonna) é uma dondoca arrogante que nunca está satisfeita. Seu marido, Tony, a leva para um cruzeiro particular entre a Grécia e a Itália e, durante a viagem, Amber pega no pé de um dos trabalhadores do barco, Giuseppe, deixando-o furioso de raiva. Após uma tempestade, os dois ficam sozinhos em uma ilha deserta. Para se vingar, Giuseppe trata a dondoca como uma escrava e ela se apaixona por ele.

Críticas não faltaram: pior *remake*, pior atriz, pior ator, pior diretor. No Brasil, o filme nem mesmo foi exibido nos cinemas.

---

30 www.vh1.com

31 J. Randy Taraborrelli, *Madonna, uma biografia íntima*, p. 374.

2002 - *007 - Um novo dia para morrer (007 - Die Another Day)*

Madonna surgiu nessa versão do famoso filme de James Bond como professora de esgrima do agente. Mas sua principal participação foi mesmo na trilha sonora, pois compôs a música tema de 007, "Die Another Day". O single foi lançado em 2002, marcando os vinte anos de carreira de Madonna, e ficou em oitavo lugar nos Estados Unidos e em terceiro no Reino Unido. Foi o tema de 007 mais bem-sucedido desde "A View to a Kill", de Duran Duran.

Ela aproveitou para fazer um videoclipe bem produzido, no qual uma "Madonna má" aparecia lutando esgrima com uma "Madonna boa". A diva também aparece fugindo da execução em uma cadeira elétrica. O clipe custou 6 milhões de dólares e é o segundo vídeo mais caro já feito, atrás de "Scream", de Michael e Janet Jackson.

2005 - *I'm Going to Tell you a Secret*

Madonna voltou ao gênero documentário em 2005 com um filme semelhante ao seu polêmico *Na cama com Madonna*: *I'm Going to Tell you a Secret* (sem título oficial em português), trazendo os bastidores da turnê mundial *Re-Invention Tour*, de 2004. Lançado em DVD, o filme vem acompanhado de um CD com as principais canções do show – foi a primeira vez que ela lançou áudio com as músicas de suas turnês.

A Rainha do Pop recebeu a companhia do diretor Jonas Åkerlund durante sua turnê na América do Norte e na

Europa, entre 24 de maio e 14 de setembro de 2004. Assim como em *Na cama com Madonna*, o novo documentário traz cenas de bastidores em preto e branco e performances ao vivo em colorido. Mas as semelhanças param por aí. Aquela Madonna provocante e apelativa deu lugar a uma mulher madura que mostra seu relacionamento com o marido e os filhos de forma bem caseira. Em vez de se sentar em uma cama com os bailarinos e falar de sexo enquanto segura os seios nus, a diva leva suas crianças a um concerto de piano.

Após o encerramento da turnê, ela continua seu documentário para mostrar uma viagem a Israel. Nesse trecho, um pouco longo para um filme como esse, a diva pop mostra sua paixão pela cabala e insiste em visitar o túmulo da matriarca bíblica Rachel, embora a equipe dela alegasse riscos à sua segurança pessoal.

A crítica elogiou o filme e fez questão de despejar adjetivos sobre Madonna, sem evitar comparações com seu primeiro documentário: "Ela é hoje uma pessoa mais sincera", comparou a *Rolling Stone*. O *pack* com CD e DVD vendeu mais de 25 mil cópias na primeira semana. No Brasil, foram 30 mil cópias na primeira quinzena. Ao todo, chegou a cerca de 1 milhão de cópias em todo o mundo.

Madonna como diretora de cinema

Em entrevista à revista brasileira *Bizz*, em 1995, Madonna falou do seu desejo de ser diretora de cinema: "Existem vários diretores que também escrevem seus próprios roteiros e produzem seus próprios filmes. Não acho que um artista é bom quando se dedica a apenas uma coisa. Se você tem um ponto de vista, convicção e sabe exatamente o que quer dizer, tudo o que você faz ajuda no seu próximo passo".

Seus sucessivos fracassos como atriz devem tê-la feito repensar essa opinião em 2006, quando surgiu a ideia de produzir o documentário *I Am Because We Are. Destino insólito* foi a gota d'água. Ela foi muito bombardeada e não queria passar por tudo aquilo novamente. Na produção ou na direção, apareceria menos, embora nem sempre isso signifique menos trabalho.

Cada vez mais envolvida em questões sociais, a cantora adotara um bebê no Malauí e estava muito preocupada com a grande quantidade de órfãos portadores de HIV neste país africano. Como parte de sua empreitada para mostrar ao mundo a dificuldade vivida por essas crianças, ela produziu e investiu dinheiro no documentário *I Am Because We Are*, que estreou no 7º Festival de Cinema de Tribeca, em abril de 2008, e no Festival de Cannes, no mês seguinte. Além de tratar da difícil vida das crianças nos precários orfanatos, mostra os esforços da organização Raising Malawi, uma instituição de caridade criada por ela para ajudar os órfãos.

Em 2008, Madonna lança *Filth and Wisdom* (*Sujos e Sábios*), primeiro filme como diretora. Conta a história de A. K., um emigrante ucraniano vivido por seu amigo e cantor Eugene Hütz, do Gogol Bordello. A. K. quer ser um astro do rock e trabalha clandestinamente para uma *dominatrix*, uma dançarina de striptease e uma assistente de farmácia que rouba medicamentos no serviço.

A distribuição do filme foi bem limitada, sendo exibido em alguns canais de TV a cabo. É o primeiro filme de sua nova empresa, Semtex Films.

Um comentário do *The Guardian* resume bem a impressão da crítica sobre o filme: "Bem, isso teria que acontecer. Madonna tem sido uma péssima atriz em muitos, muitos filmes, e agora ela avançou: é uma péssima diretora".

Quem conhece a Rainha do Pop sabe que ela não desiste depois da primeira crítica – às vezes, nem depois da décima primeira... Por isso, em 2010 dirigiu *W. E.* (abreviatura para Wallis e Ernest), que no Brasil recebeu o subtítulo *O romance do século*. Ela teve a ajuda de Alek Keshishian, o diretor de *Na cama com Madonna,* para fazer o roteiro.

O tema do filme é o romance entre o rei inglês Edward VIII e a americana Wallis Simpson, que gerou muita polêmica e fez com que ele abdicasse o trono em 1936. O filme intercala essa história com a de outra Wallis, do presente (interpretada pela atriz australiana Abbie Cornish), uma jovem nova-iorquina fascinada pela história de amor entre o rei e a americana.

Com uma bela edição, W.E. é uma história de amor fascinante. Para uma diretora praticamente iniciante, Madonna foi bem. No entanto, a crítica mais uma vez não foi amigável. A diretora foi vaiada no Festival de Londres. Mas, ao menos, ela faturou dois Globos de Ouro – um por trilha sonora e outro por canção original, "Masterpiece", cantada por ela mesma. A música não foi indicada ao Oscar por uma questão técnica: ela é a segunda a aparecer nos créditos. *W.E.* chegou aos cinemas brasileiros no dia 9 de março de 2012.

6

Volta ao mundo

Em mais de vinte e cinco anos de carreira, Madonna visitou praticamente o mundo todo com oito turnês mundiais bem-sucedidas, além da *2012 World Tour*, iniciada em 2012. Nesse aspecto, nunca houve momentos ruins, provando que é isso o que a Rainha do Pop sabe fazer de melhor: entreter multidões.

1985 - *The Virgin Tour*

"Like a Virgin" e "Material Girl" não paravam de tocar nas rádios. Madonna aparecia na televisão cantando e divulgando seu novo CD. Seus dois discos lançados vendiam 80 mil cópias por dia. O videoclipe de "Like a Virgin" foi sucesso na MTV e ela fez sua primeira apresentação ao vivo no MTV Video Music Awards vestida de noiva e simulando sexo no chão. Todo mundo estava curioso para saber quem era aquela menina descabelada, um pouco acima do peso, que parecia ter vindo para ficar. Era o momento de Madonna mostrar que conseguia animar uma plateia durante mais de uma hora. Depois de muitos ensaios, a *material girl* começou por Seattle, nos Estados Unidos, sua primeira turnê, a *Virgin Tour*, em abril de 1985.

A divulgação fez esquentar ainda mais a expectativa, que já era grande. Dezessete mil ingressos para uma apresentação no Radio City Music Hall, em Nova York, foram vendidos em vinte e quatro minutos, fazendo o primeiro recorde da carreira da musa. Os shows foram crescendo em público até passar por vinte e oito cidades nos Estados Unidos e no Canadá. Na plateia, milhares de jovens mostravam sutiãs, cabelos desgrenhados, dezenas de crucifixos no pescoço, pulseiras e brincos pesados, imitando sua ídola e evidenciando a *madonnamania* da época. Para denominar essas meninas que queriam ser Madonna, surgiu o adjetivo *wannabe,* que, literalmente, significa "querer ser", e foi reconhecido oficialmente pelo dicionário Webster.

Em 2009, para a revista *Rolling Stone*, Madonna comentou a sensação de se apresentar para tanta gente pela primeira vez: "Aquela turnê foi louca, porque até então eu só havia tocado em lugares como CBGB e no Mudd Club [casas de shows de Nova York] e passei a me apresentar em arenas esportivas. O primeiro show foi num pequeno teatro em Seattle, e as garotas exibiam retalhos nas saias e calças cortadas abaixo dos joelhos, luvas de renda, rosários e laços no cabelo, assim como eu. Isso é insano! Depois de Seattle, todos os shows foram transferidos para arenas".

Embora os números não tenham sido oficiais, estimou-se que a *Virgin Tour* lucrou mais de 3 milhões de dólares. O show de Detroit, no Michigan, terra natal de Madonna, foi gravado e lançado em VHS, recebendo certificação de platina dupla pela Recording Industry Association of America.

Uma das grandes frustrações dos fãs de Madonna é que, até 2010, não havia nenhum indício de que a *Virgin Tour* seria lançada oficialmente em DVD. Três músicas do *setlist*, "Angel", "Borderline" e "Burning Up", foram excluídas do show oficialmente lançado em VHS, portanto, a maioria dos fãs não sabe como foram as apresentações dessas canções.

1987 - *Who's That Girl*

Dois anos depois da *Virgin Tour*, Madonna já era uma estrela da música pop, e foi com esse status que ela subiu ao palco para sua mais nova turnê: *Who's That Girl World Tour*. O filme *Quem é essa garota?* não tinha obtido o sucesso esperado. A turnê era ideal para promover o filme, a trilha sonora e colocá-la novamente nas manchetes.

A *Who's That Girl World Tour* foi um avanço técnico não apenas para Madonna, mas para a indústria do entretenimento de uma forma geral: tinha telões gigantescos, um palco grande com esteiras rolantes. Em termos artísticos, a evolução estava na coreografia, no cenário e nos figurinos – poucos artistas trocavam de roupa entre as performances. Madonna estava mais confiante, com mais presença de palco, dançava e cantava o tempo todo e exibia uma nova forma física: magra e musculosa.

Foi a primeira turnê que poderia realmente ser chamada de "mundial": ela embarcou para a Ásia, a América do Norte e a Europa. No Japão, 25 mil fãs histéricos foram ao aeroporto para tentar vê-la. Ao todo, mais de 1,5 milhão de pessoas contribuíram com 25 milhões de dólares para assistir aos shows – de acordo com o Pollstar, que realiza pesquisas e recolhe informações sobre concertos, foi a segunda maior turnê feminina de 1987, perdendo apenas para Tina Turner.

Assim como na *Virgin Tour*, quebrou alguns recordes, como vender aproximadamente 144 mil ingressos para os primeiros dois shows no Wembley Stadium, em Londres, em dezoito horas e nove minutos.

O show foi transmitido em várias emissoras de televisão em todo o mundo e lançado em VHS, chamado *Ciao, Italia! – Live from Italy*. Posteriormente, foi lançado em DVD.

1990 – *Blond Ambition World Tour*

No dia 13 de maio de 1990, Madonna começou, em Tóquio, aquela que é considerada pela maioria dos fãs como sua melhor turnê: a *Blond Ambition World Tour*. São muitas as razões para essa ser a "queridinha" entre as excursões mundiais. Na época, tinha uma quantidade considerável de hits, fato que permitiu um *setlist* cheio de sucessos. Ela tinha lançado "Like a Prayer", álbum idolatrado pelos fãs, e estava fazendo sucesso com "Vogue". O espetáculo tinha muita dança e era teatral, com um cenário moderno e que se transformava várias vezes durante o show. Foi, ainda, sua primeira turnê polêmica graças às cenas que simulavam masturbação. Nos figurinos, o famoso sutiã de cone desenhado pelo estilista francês Jean Paul Gaultier, que virou um ícone fashion dos anos 1990. A Rainha do Pop quis utilizar seu espetáculo não somente como um momento de distração, mas também de reflexão por meio das letras de suas músicas e da simbologia das coreografias e exibições no telão. Os fãs viam Madonna como uma mulher cada vez mais forte, dona de si e de sua carreira.

Era tudo muito grande na *Blond Ambition*. Durante seus quatro meses, passou por vinte e sete cidades no mundo inteiro. Dezoito caminhões e um avião 747 transportavam o equipamento necessário para a montagem dos palcos. Mais de cem pessoas trabalhavam apenas na montagem, fora os músicos, os dançarinos, os técnicos de áudio, luz... Para o show no Japão, Madonna recebeu 28 milhões de dólares.

Um dos blocos do show começava com a cantora em cima de uma cama, simulando masturbação enquanto cantava uma lenta versão de "Like a Virgin". Sai a cama, entra um cenário de igreja. Ela surge com um crucifixo no pescoço para cantar "Like a Prayer". A combinação entre sexo e religiosidade fez o papa João Paulo II pedir um boicote ao show em Roma, e um dos três shows previstos para a Itália foi cancelado. Em

Toronto, no Canadá, ela quase foi presa por obscenidade em razão das cenas de "Like a Virgin". Mesmo sendo avisada pelas autoridades de que iria ser presa se simulasse masturbação, a cantora decidiu não mudar seu show. Por fim, a polícia desistiu de prendê-la. O caso é mostrado no filme *Na cama com Madonna*, documentário que trouxe os bastidores da turnê.

A *Blond Ambition World Tour* teve várias gravações com qualidade oficial, como a de Barcelona, exibida em 1991 pela extinta Rede Manchete, e a de Nice, na França, que foi exibida pela HBO e lançada em *laserdisc* – um formato de áudio e vídeo mais avançado que o videocassete que não teve sucesso comercial. Um show no Japão também foi lançado em *laserdisc*, mas em razão de um contrato assinado na época com a Pioneer, a *Blond Ambition* nunca foi lançada em vídeo ou DVD. Mais um material que a Diva deve a seus fãs.

1993 – *Girlie Show*

Para promover (e tentar salvar do fracasso de vendas) o álbum *Erotica*, Madonna voltou aos palcos com a *Girlie Show* e passou pelo Brasil pela primeira vez, causando rebuliço na imprensa e com os fãs brasileiros.

Se a *Blond Ambition* foi conhecida por polêmicas sexuais e religiosas, *Girlie Show* era tão picante quanto. Ou ainda mais, dependendo do ponto de vista. O show começava com uma dançarina só de calcinha fazendo *pole dance*. Logo, Madonna surgia com máscara sadomasoquista e chicotinho. Danças sensuais se sucederam até chegar ao ápice: todos os bailarinos simulam sexo grupal no palco depois de "Deeper and Deeper".

A Rainha do Pop tratava seu show como um grande espetáculo de circo e fazia referências a atividades circenses, incluindo a misteriosa presença de um pierrô em vários momentos. O palco era ainda mais complexo do que os anteriores, com uma passarela que avançava até o público, dando maior impressão de proximidade.

A inspiração para o nome da turnê veio de uma pintura de Edward Hopper que se chamava *Girlie Show* e mostrava uma dançarina bem ao estilo do que ela mostrou durante os shows. Outras inspirações declaradas por ela mesma foram Fellini, Bob Fosse, Gene Kelly, Marlene Dietrich, Bozo the Clown, Cabaret, Lola Montès, Cirque du Soleil, entre outros.

Apesar da provocação, a crítica percebeu certa inocência e gostou do show. "É apenas um momento de boa música e dança, não uma provocação", elogiou o *The New York Times.* A revista *Time* descreveu o show como "uma retrospectiva do cinema, um clipe ao vivo". O público coroou o sucesso da rainha e estima-se que a turnê tenha faturado 70 milhões de dólares.

A gravação oficial do *Girlie Show* foi no dia 19 de novembro, na primeira apresentação em Sydney, na Austrália. A HBO mais uma vez transmitiu o show, que posteriormente foi lançado em vídeo, *laserdisc* e DVD com o nome de *Girlie Show – Live Down Under*, indicado para o Grammy Awards. Uma gravação feita no Japão foi transmitida com exclusividade pela TV japonesa. Os fãs costumam trocar entre si raros vídeos desse show via internet.

A chegada de Madonna ao Brasil, em novembro de 1993, deixou os fãs em polvorosa. Sua primeira performance no Estádio do Morumbi, em São Paulo, vendeu 86 mil ingressos, enquanto no Estádio do Maracanã, no Rio de Janeiro, ela atraiu mais de 120 mil pessoas. Embora com vontade de conhecer o Rio de Janeiro, a diva mal saiu do hotel em função do grande assédio dos fãs. Foi apenas ao Corcovado, fez um breve passeio pela praia e jantou em um restaurante badalado. Para distrair os fãs, contratou sósias, enquanto ela mesma utilizava peruca preta. Liz Rosenberg, porta-voz da cantora, disse que Madonna se sentiu presa no Brasil, principalmente em São Paulo, e não pôde dar vazão a "seu lado aventureiro".

No show do Rio de Janeiro, Madonna usou a camisa do Flamengo, enquanto em São Paulo se exibiu com o uniforme da seleção brasileira de futebol. Ela cantou uma versão em inglês – meio desafinada, diga-se – de "Garota de Ipanema" e brincou de falar português: "Oi, galera! Oi, Brasil! E aí? Bunda suja! Como vai? Que gostoso!". Antes do início do show, permitiu que os fãs assistissem à passagem de som e sentou-se na beira do palco para conversar com eles.

2001 – *Drowned World Tour*

O tempo foi passando, Madonna teve dois filhos e nada de nova turnê. Os fãs já estavam quase desistindo quando ela anunciou, para 2001, a *Drowned World Tour*, primeiro show depois de oito anos.

Fez dois pequenos shows como "ensaio" para a turnê: em Roseland Ballroom e na Brixton Academy. Desde então, esses *pocket shows* antecederam todas as suas turnês. A performance da Brixton Academy foi transmitida pela internet e teve público estimado de 9 milhões de espectadores.

A *Drowned* veio para divulgar o álbum *Music*. O público estava com saudades e prestigiou a turnê, transformando-a em sucesso comercial. Os ingressos para quarenta e oito apresentações em dezessete cidades espalhadas pelo mundo todo se esgotaram em poucas horas. Foi a mais rentável turnê de artista solo em 2001, faturando mais de 75 milhões de dólares. A apresentação do Michigan foi gravada, transmitida pela HBO e posteriormente lançada em DVD.

Dessa vez, nada de sexualidade ou religiosidade. Os efeitos especiais cresceram, principalmente na parte "gueixa", quando a musa "voa" pelo palco amarrada em cordas, como no filme *O tigre e o dragão.* Pela primeira vez em um show, ela tocou guitarra, o que provocou comentários maldosos de alguns críticos. Mas, de forma geral, os comentários foram positivos. Ela foi elogiada por cantar todas as canções ao vivo, sem playback, e dançar ao mesmo tempo. O elevado primor técnico da *Drowned World* também mereceu aplausos dos jornalistas.

Apesar de marcar o retorno de Madonna aos palcos e de ser um show gostoso de se assistir, com muitos efeitos especiais e modernidades, a *Drowned* não caiu no gosto dos fãs. Em parte por causa de sua *setlist*, que incluiu muitas músicas não conhecidas dos álbuns *Music* e *Ray of Light* – na época, ela estava meio revoltada com seu passado e não queria cantar as músicas antigas. Dos clássicos, só foram apresentados "Holiday" e "La Isla Bonita". Para os fãs ao redor do mundo, a grande insatisfação foi que Madonna limitou-se a tocar na Europa e nos Estados Unidos.

2004 – *Re-Invention Tour*

Em 2003, a situação não estava nada boa para Madonna. *American Life* fora o álbum que menos vendeu em toda a sua carreira. No mundo pop, outras cantoras estavam tomando o espaço que antes era só seu. Ela precisava fazer algo para retomar as rédeas de sua carreira. Foi então que resolveu sair em excursão novamente. Uma vez que a ideia era se reinventar, ela deu à turnê o nome de *Re-Invention Tour*.

Convidou Jonas Åkerlund para acompanhá-la e registrar os bastidores da turnê a fim de fazer um documentário. Fez cinquenta e seis espetáculos em vinte cidades, a maior renda bruta do ano, com lucro estimado em 124,5 milhões de dólares. Apesar de os ingressos custarem em torno de setecentos reais, a venda foi fantástica. Nos primeiros cinco dias de venda, esgotaram-se os tíquetes para Los Angeles, Las Vegas, Nova York, Boston, Chicago, Toronto, Filadélfia e Miami.

Dessa vez, Madonna retirou da gaveta seus grandes sucessos e os reinventou, fazendo versões que caíram no agrado dos fãs, como "Material Girl", "Vogue", "Holiday", "Papa don't Preach", "Crazy for You", "Like a Prayer", "Into the Groove"... A apresentação foi envolta por uma espiritualidade nunca antes transparecida em um show da Rainha do Pop. A mensagem principal é contra a violência e, para ilustrar, ela canta "Imagine", de John Lennon.

Na última noite, quando se apresentava pela primeira vez em Portugal, o show foi gravado para ser lançado em DVD. Algumas partes foram utilizadas no documentário *I'm Going to Tell You a Secret*, mas o show completo até hoje não foi lançado para os fãs.

2006 - *Confessions Tour*

Depois do estrondoso sucesso de *Confessions on a Dance Floor*, Madonna se viu pressionada pelos fãs a sair em turnê. No dia da estreia da *Confessions Tour*, em 21 de maio de 2006, ela estava ansiosa para fazer deste o seu maior espetáculo. Mas, ao menos em termos de tamanho, a *Confessions* era menor, pois tinha sido criada para ginásios fechados.

O figurino e os efeitos especiais foram de arrepiar, principalmente a grande cruz em que Madonna aparece pendurada quando canta "Live To Tell". No telão, uma contagem chegava a 12 milhões – o número de crianças órfãs somente na África em razão da Aids. Uma *disco ball* enorme surge do teto no início do show, outro artifício que deixou os fãs extasiados. Depois, barras aparecem no palco e seus dançarinos dançam de forma surpreendente. Mais tarde, eles fazem *parkour* no meio do público, correndo e pulando de alturas surpreendentes.

O clima anos 1970 do álbum está presente no show, especialmente em dois momentos. O primeiro é quando ela surge vestida de John Travolta em *Embalos de sábado à noite* e canta uma versão de "Music" misturada com "Disco Inferno", do The Tramps, enquanto seus bailarinos voam sobre patins. Mais tarde ela usa um collant igual aos do Abba para cantar "Erotica" e "La Isla Bonita". Nas costas, coloca uma capa repleta de lâmpadas com os dizeres "Dancing Queen".

Dessa vez, a turnê não foi apenas a mais rentável do ano: bateu o recorde como a excursão de uma artista feminina que mais faturou em todos os tempos. Foram 194,7 milhões de dólares para sessenta shows com 1,2 milhões de espectadores. O *Guinness World Records* deu à *Confessions Tour* o recorde de turnê mais rentável por show. Para os fãs, o álbum e a turnê *Confessions* são queridinhos.

A *Confessions Tour* foi lançada em CD e DVD em janeiro de 2007. A filmagem foi feita no Wembley Arena, em Londres, nos dias 15 e 16 de agosto. Dia 16 foi aniversário de Madonna, e ela recebeu os parabéns do público, mas esse registro não aparece no DVD. O álbum chegou ao topo das paradas oficiais de vários países europeus e ganhou um Grammy por melhor longa musical. Uma novidade foi o lançamento do belíssimo livro *Confessions Tour*, com fotos de Madonna no palco feitas pelo seu empresário Guy Oseary. Os direitos autorais do livro foram doados ao Raising Malawi, instituição de caridade criada por Madonna.

2008/2009 - *Sticky & Sweet Tour*

Quando terminou a *Blond Ambition*, em 1990, Madonna prometeu nunca mais voltar aos palcos. Estava exausta. Não cumpriu a promessa e avisou, ao voltar aos palcos em 1993: "Se você me ouvir dizer 'eu nunca mais vou fazer turnê', não acredite em mim".[32]

Não acredite mesmo. Madonna adora fazer shows. Durante os ensaios, ela se empenha em cada detalhe, checa luzes, remixes das canções, vídeos dos telões, avalia e escolhe pessoalmente cada bailarino, supervisiona cada detalhe. Ela não é daquelas artistas que chegam e executam uma coreografia. Entrega-se de corpo e alma e não deixa que nada escape a seu controle.

Apesar do trabalho árduo que esse perfeccionismo exige, é disso que ela realmente gosta. O calor do público, a recepção, as viagens, a satisfação de saber que tudo correu bem, a certeza de escolher a melhor equipe... Isso a deixa em êxtase. Não é à toa que as turnês da Rainha do Pop estão ocorrendo em intervalos cada vez menores.

---

[32] www.madonna-online.ch

Os fãs ficaram satisfeitos quando ela anunciou que entraria em excursão em 2008, dois anos depois de sua última turnê. Era a *Sticky & Sweet Tour*, que promoveria o álbum *Hard Candy*. Dessa vez, ela voltaria aos grandes estádios, perdendo um pouco da característica "intimista" que cercava a *Confessions Tour*.

Madonna surge em um trono, tal qual uma rainha, para cantar "Candy Shop". Coloca um Cadilac no palco, pula corda como uma menininha de dez anos, surge em roupas futuristas e pede a uma pessoa da plateia que escolha uma música. O momento mais surpreendente em termos de efeitos especiais é quando ela canta "Devil Wouldn't Recognize You" envolta por telões circulares que simulam uma chuva.

Ela encerrou a turnê em 21 de dezembro de 2008 com um show no Morumbi, em São Paulo, em sua segunda vinda ao Brasil. Mas, em 2009, anunciou o retorno da *Sticky & Sweet Tour* para que ela pudesse visitar países onde nunca tinha ido ou aos quais não ia há muito tempo. Ao todo, foram 3,5 milhões de fãs em trinta e dois países e um faturamento espetacular: 408 milhões de dólares, mais de duas vezes o total de sua turnê anterior, sendo a quarta maior turnê de todos os tempos e a maior de um artista solo.

No Brasil, foram dois shows no Rio de Janeiro e três em São Paulo. A confusão para a venda de ingressos foi enorme, com muitos fãs dormindo por dias nas filas sem conseguir comprar os tíquetes. As vendas da internet se transformaram em um verdadeiro fracasso, porque o site não estava preparado para tamanha demanda. Muitas pessoas tiveram os ingressos debitados de seus cartões de crédito sem ter a compra finalizada, e a empresa teve de devolver dinheiro. Nas filas, muita revolta, pois os melhores lugares tinham venda esgotada rapidamente e sem explicação. Os ingressos de pista VIP custaram cerca de setecentos reais.

O primeiro show no Rio de Janeiro foi, literalmente, debaixo d'água. Madonna estava chateada, temia pela segurança de seus dançarinos por causa do palco molhado e não podia se apresentar como havia previsto. Em São Paulo, houve ameaça de chuva em praticamente todos os dias, mas só choveu mesmo na última data, deixando o palco encharcado e adiando o início da apresentação.

Por volta de cinco horas da tarde, a chuva deu uma trégua e Madonna subiu ao palco, deixando os fãs malucos e relembrando a primeira vez em que veio ao Brasil, permitindo que a plateia a visse passar o som. Ficou por um bom tempo conversando, pegou a corda e começou a pular. Cantou alguns trechos de música, tocou violão e improvisou: "Don't Cry for me São Paulo...". No último show, chorou enquanto a plateia gritava que a amava. Disse que o público brasileiro é o melhor do mundo – e talvez de fato seja, pois Madonna não tem o hábito de fazer tal comentário acerca de outros países.

O DVD da turnê saiu mais de um ano depois e foi gravado na Argentina, no estádio do River Plate. Trechos da segunda parte da turnê não foram incluídos.

2012 – *MDNA World Tour*

No começo de março de 2012, Madonna publicou em seu site oficial e em redes sociais algumas fotos tiradas por ela mesma mostrando seu corpo cheio de hematomas. Resultado, diz ela, de exaustivos ensaios para sua nova turnê mundial, que recebeu o nome de *MDNA World Tour*.

Ao estrear em Tel Aviv, Israel, no final de maio, os fãs descobriram o motivo de tanta exaustão: Madonna dançava como nunca, ficava dependurada em um cenário que imitava um hotel, era amarrada e jogada para cima por seus dançarinos. Mais uma vez causando polêmica, ela apareceu portando armas e simulando tiros, com sangue jorrando nos telões.

Parecia que a violência estampada no início do show ia ser a maior controvérsia da *MDNA Tour*, mas, quando se trata de Madonna, o normal é sempre esperar mais polêmica. O momento mais falado desse grande espetáculo é quando ela canta seu hit "Human Nature" e começa a tirar a roupa, ficando de calcinha e sutiã, mostrando um corpo perfeito aos 54 anos. Ela já não está tão magra quanto na turnê anterior, e aproveitou para mostrar um dos seios em alguns shows.

Madonna canta "Born This Way", de Lady Gaga, mas não em tom de homenagem: Gaga foi amplamente acusada, pela mídia, de ter copiado a música "Express Yourself", hit de Madonna de 1989. Até então, a Rainha do Pop não tinha se manifestado sobre o suposto plágio, e resolveu misturar as duas músicas ao vivo, mostrando a grande semelhança entre elas. Para completar, provoca cantando "She's Not Me" (ela não sou eu). Enquanto isso, o telão exibe desenhos de monstrinhos – como são chamados os fãs de Lady Gaga – se alimentando de latas com ilustrações do sutiã cônico de Madonna e do raio que David Bowie pintava em seu rosto nos anos 80, numa clara alusão às "cópias" que Gaga faz destes e de outros artistas. Mais tarde, em entrevista ao Fantástico, Madonna fala mais uma vez sobre o suposto plágio: "Eu gosto de "Born This Way". Fico feliz de ter ajudado Lady Gaga a escrever essa música", alfineta.

As polêmicas da *MDNA World Tour* vão além da violência e das cutucadas a Lady Gaga. Madonna não deixa seu lado político de fora, e durante a música "Nobody Knows Me", exibe uma imagem da política francesa Marine Le Pen com uma suástica colocada digitalmente no rosto. A cantora foi ameaçada de processo se apresentasse o vídeo em algum show na França. E foi o que ela fez: o exibiu em uma das apresentações no Stade de France. Ao se apresentar no Olympia, também na França, justificou: "Foi feito para destacar os seres humanos intolerantes com o próximo". Marine Le Pen já fora acusada de ser simpatizante do nazismo, além de se mostrar contra imigrantes e favorável à pena de morte. O vídeo também exibia cenas de homofobia, de intolerância religiosa, de jovens que morreram vítimas de violência.

Simpatizantes de Le Pen aproveitaram a presença de Madonna na França para manifestar, jogar objetos no palco do show, xingar a cantora e colar imagens da política francesa sobre os cartazes promocionais da turnê. Foi aí que a Rainha do Pop decidiu retirar a suástica de seu vídeo, substituindo-a por um ponto de interrogação.

Outra polêmica ocorreu em sua passagem pela Rússia. Depois de se apresentar em São Petersburgo, circulou na internet o boato de que Madonna tinha sido presa por ferir a lei local que proíbe qualquer tipo de manifestação a favor dos homossexuais. O show ocorreu sob ameaças de ataques terroristas, mas mesmo assim Madonna não se curvou. Protestando contra a lei homofóbica, mandou distribuir pulseiras cor-de-rosa a todos que estiveram no show. Estampou a bandeira gay no palco e reclamou. A cantora se livrou da prisão, mas saiu da cidade com um processo judicial e um pedido de indenização de 11 milhões de dólares.

Na capital russa, ela se envolveu em mais uma controvérsia. Madonna defendeu um grupo punk feminista russo chamado Pussy Riot. Em fevereiro de 2012, três integrantes deste grupo foram presas por manifestações contra o presidente Vladimir Putin na Catedral de Cristo Salvador. Usando uma carapuça, Madonna exibiu nas suas costas o nome do grupo e pediu sua libertação. "As integrantes do Pussy Riot merecem ser livres. Elas já pagaram por seu ato e rezo para que sejam livres." Por causa disso, ela foi chamada de "ex-puta que quer dar lições de moral" pelo vice primeiro-ministro russo, Dmitry Rogozin, em uma rede social. "Tire a cruz e vista as calças", completou.

A Rainha do Pop voltou a tatuar o pedido de libertação de Pussy Riot em shows nos Estados Unidos. O grupo foi condenado a três anos de prisão e, por meio de um vídeo, agradeceu o apoio de Madonna.

A Rainha do Pop sofreu vários tipos de ameaça, mas não cancelou nenhum de seus shows nem deixou de expor o que pensa a seus fãs. O resultado disso é a publicidade para sua turnê, que foi considerada pela Billboard como a mais rentável de 2012, mesmo antes de terminar. Segundo a própria Billboard, a *MDNA World Tour* faturou 115 milhões de dólares em 33 shows e pode tornar-se a mais rentável da história.

A *MDNA* traz Madonna ao Brasil pela terceira vez, com dois shows em São Paulo, um em Porto Alegre e um no Rio de Janeiro – ela trocou o Maracanã pelo Parque dos Atletas, mesmo local onde foi realizado o último Rock in Rio.

7

Carreira polêmica

A partir do momento em que pôde ter um controle maior sobre sua carreira – ou seja, no seu segundo álbum, quando já estava mais ou menos consolidada no mercado e conhecida do público –, Madonna começou a incluir uma pitada de provocação em quase tudo o que fazia.

A primeira controvérsia veio com "Like a Virgin". Para começar, a letra. Como pode uma garota, em plenos anos 1980, dizer que não é mais virgem e que se sente uma virgem quando tocada pelo namorado? E como pode essa mesma garota usar um vestido de noiva que mais parece uma lingerie, com um cinto escrito "*boy toy*" (brinquedo de garoto)? Para piorar, ela surge na premiação da MTV vestida de noiva e rola no chão, simulando sexo.

Quando posou nua para estudantes de arte, no final da década de 1970, brincou para sua amiga Erica Bell: "Um dia serei mundialmente famosa e a *Playboy* irá publicar essas fotos, será o maior escândalo de todos os tempos". Não chegou a ser o maior escândalo, mas houve muita controvérsia quando a *Playboy* realmente divulgou as fotos, em 1985. Para ironizar com a situação, ela se apresentou no Live Aid, no dia 13 de julho daquele ano, com calças compridas e um paletó enorme. "Não vou tirar a roupa para que vocês não se sintam mal", zombou. Dois anos depois, mais fotos, desta vez na *Penthouse*.

No ano seguinte, ao lançar seu novo álbum, já sabia que seria mal-interpretada por causa da canção "Papa don't Preach". Na letra, uma jovem diz a seu pai que está grávida e que não vai fazer aborto. "Achei que a canção era tola quando a ouvi pela primeira vez. Mas depois pensei, espere um pouco, essa música é sobre uma garota que está tomando decisões em sua vida. Para mim, é uma celebração da vida",[33] contou. Ela acreditou que as pessoas interpretariam a mensagem como "ok, saia por aí, engravide".

Mais uma vez ela previu o que estaria por vir. Os mais liberais, favoráveis ao aborto, que sempre gostaram da posição de Madonna em suas músicas e em seu jeito de ser, acusaram-na de excessivo tradicionalismo. Mas a cantora conquistou os conservadores, ao menos naquele momento.

No mesmo ano, a polêmica ficou por conta do vídeo de "Open Your Heart", que mostra a cantora beijando um menino pré-adolescente. O jovem sonhava com ela depois de ver um cartaz com seu rosto do lado de fora de um *peep show*, onde ela fazia striptease. Ao encontrar o menino, a personagem abandona sua profissão. O que ela queria dizer com o vídeo é que é melhor escolher a inocência, simbolizada pelo menino, que encontros sexuais anônimos. Mas houve até quem falasse em pedofilia ao ver o inocente selinho.

A polêmica seguinte veio acompanhada de muito dinheiro – que ficou com ela, para sua alegria completa. Mais precisamente um contrato de 5 milhões de dólares com a Pepsi. Era 1989 e a indústria de refrigerantes utilizaria Madonna e seu novo single, "Like a Prayer", em uma grande campanha publicitária mundial. O acordo incluía o patrocínio de uma turnê.

Madonna gravou um comercial exibido simultaneamente em todo o mundo no dia 2 de março daquele ano. Era a primeira vez que a nova música era exibida. O vídeo tinha dois minutos (gigantesco para um comercial) e parecia mais um clipe musical. Estima-se que 250 milhões de pessoas assistiram à propaganda.

---

[33] Christopher Andersen, *Madonna, uma biografia não-autorizada*, p. 188.

Enquanto a Pepsi se preparava para exibir uma versão de trinta segundos do anúncio durante todo o verão, a rainha das controvérsias "jogou uma bomba" em cima de seu patrocinador: lançou o clipe de "Like a Prayer", o mais polêmico até então. "Madonna disse que gostaria de fazer amor sobre um altar, no vídeo", diz Mary Lambert, diretora do clipe. Ela beija um santo negro e realmente simula fazer amor com ele. Para piorar, aparece com os estigmas de Cristo nas mãos, queima cruzes, tudo com um vestido justo e curto.

A imagem da Pepsi já estava vinculada à de Madonna naquele momento e grupos religiosos no mundo inteiro convocaram um boicote nacional à Pepsi e a suas empresas subsidiárias, incluindo as redes de *fast-food* Kentucky Fried Chicken, Taco Bell e Pizza Hut. Para evitar o estardalhaço, a Pepsi cancelou o contrato, perdendo os 5 milhões de dólares que havia pago à cantora.

Ironicamente, a Pepsi era patrocinadora do MTV Video Music Awards e, naquele ano, o vídeo de "Like a Prayer" venceu na categoria "Escolha da Audiência". "Gostaria de agradecer à Pepsi por causar tanta controvérsia", sorriu Madonna, ao receber o prêmio.

Outro clipe do mesmo álbum deu o que falar: "Express Yourself". Ela apareceu nua acorrentada numa cama. Mas o comentário geral foi o fato de a cantora tocar em suas partes íntimas, tal e qual Michael Jackson sempre fez, mas ninguém nunca reclamou.

Em 1990, ela foi até mesmo ameaçada de prisão por simular masturbação no palco durante a turnê *Blond Ambition* e sofreu ameaça de boicote em Roma, na Itália, por causa do excesso de elementos religiosos e sexuais em seu show. Uma das datas foi cancelada. Ao lançar o documentário da turnê,

Na cama com Madonna, mais uma polêmica: no filme, ela simula sexo oral com uma garrafa.

Após o fim da turnê, lançou a coletânea *The Immaculate Collection* e, com ela, o proibido vídeo de "Justify My Love". Com cenas de sadomasoquismo e simulação de sexo, o clipe, dirigido por Jean-Baptiste Mondino, foi banido da MTV, o que deixou Madonna furiosa. Um programa da ABC deu espaço para que ela exibisse o vídeo e se explicasse. "Nós estamos fingindo que não existem jovens fazendo sexo no mundo, por que tanta hipocrisia?", afirmou. No fundo, ela estava adorando: a polêmica despertou a curiosidade das pessoas e, pela primeira vez, um videoclipe foi lançado nas lojas, vendendo 400 mil cópias.

Os anos mais polêmicos de toda a carreira da Rainha do Pop foram, sem dúvida, 1992 e 1993, quando foram lançados o CD *Erotica*, o livro *Sex*, a *Girlie Show* e o filme *Corpo em evidência*, tudo recheado de muito sexo. Para o livro e o CD, ela criou a personagem Dita, inspirada na atriz alemã Dita Parlo.

Lançado em edição limitada com capa de alumínio, o *Sex Book* traz Madonna – ou melhor, sua personagem Dita – em poses eróticas, com roupas e apetrechos sadomasoquistas, simulando homossexualidade, estupro, sexo oral e anal. Também traz pequenas referências à religiosidade por meio do uso de objetos e mostra a diva nua fazendo atividades do dia a dia, como abastecer o carro, comer pizza ou pedir carona.

Dita conta suas fantasias sexuais e faz algumas reflexões sobre sexualidade: "Eu não sei como um homem olhando para uma mulher em uma revista pode ser degradante para a mulher. Todo mundo tem sua sexualidade. É como você trata as pessoas no dia a dia que conta, e não o que estimula suas fantasias".

Um milhão de cópias foi lançado em sete países e se esgotou rapidamente. O livro jamais foi reeditado e é procurado por fãs como um dos principais souvenirs de Madonna. Pode ser encontrado usado a partir de quatrocentos reais. Edições lacradas valem mais de mil reais.

Como era de se esperar, ela foi bombardeada de críticas. Na época, concedeu entrevista à revista brasileira *Veja*: "Eu sou censurada porque procuro mostrar a verdade, e a verdade incomoda. A ideia de me conformar não me passa pela cabeça. Faço o que quero e vou continuar a fazer. Os artistas não devem se conformar". Sobre sua carreira polêmica, ela completou: "Faço minhas coisas a sério. Não sou eu quem tem de explicar a reação dos outros. As coisas que faço não são estranhas e sempre fui como eu sou. Nunca pedi desculpas, nem vou começar a pedir. Pelo contrário, não vou parar minha luta. Minha luta é contra o racismo, o sexismo, a perseguição contra homossexuais, o preconceito, a ignorância".

Mesmo sendo criticada e tendo redução drástica nas vendas de seu álbum, ela nunca se arrependeu de fazer o *Sex*. No entanto, ou ela aprendeu com a experiência, ou ela amadureceu, porque, depois de tantos comentários, resolveu maneirar.

A próxima grande polêmica só viria quase dez anos depois, em 2003, e foi abafada por ela mesma. Indignada com a intenção dos Estados Unidos de invadir o Iraque e proclamar uma guerra ao terrorismo, ela gravou um clipe em que jogava uma granada em um sósia de George W. Bush durante um desfile de moda. Vestida de militar, Madonna queria questionar a necessidade de entrar em guerra. Mas quando o clipe ficou pronto, a guerra havia começado, e a cantora desistiu de lançar seu vídeo: "Decidi não lançar meu novo clipe. Ele foi filmado antes de a guerra começar, e não acho apropriado colocá-lo no ar num período como este. Por conta do estado instável do mundo e em respeito às forças armadas, pelas quais eu rezo e desejo o melhor, não quero me arriscar a ofender ninguém que possa interpretar mal o significado deste clipe". [34]

Foi a primeira vez que ela mudou algo que queria fazer para evitar comentários. Mesmo assim, gerou antipatia nos Estados Unidos, onde foi tachada de antipatriota.

Em agosto daquele mesmo ano, a polêmica foi bem menor, mas suficiente para causar comentários: Madonna beijou Britney Spears e Christina Aguilera na boca durante uma apresentação no Video Music Awards. Britney e Aguilera estavam vestidas de noiva, assim como Madonna no VMA de 1985. Desta vez, Madonna era o noivo do bolo.

A cantora não parece mais buscar por controvérsias, como fazia no começo da carreira. Nem mesmo quando se pendurou em uma cruz, na *Confessions Tour*, imaginou que fosse causar polêmica. Ela só queria chamar a atenção de uma forma que fosse além da audiência normal de seus shows. E quanto mais ela evitava os comentários, mais maldosos eles pareciam ser.

A "crucificação" de Madonna deu o que falar. Não bastasse surgir no palco pendurada em uma cruz espelhada, usou uma coroa de espinhos na cabeça. A intenção, segundo ela, era chamar a atenção para o número de crianças que tiveram pais ou mães mortos pela Aids. Houve quem ameaçasse processá-la por blasfêmia. Em Moscou, um grupo

---

[34] Lucy O'Brien, *Madonna 50 anos*, p. 353.

ortodoxo chamou a performance de amoral e pediu boicote às apresentações na Rússia. Nem é preciso dizer que, em Roma, a polêmica foi ainda maior. "Profanação da cruz", "desafio blasfemo à fé", disseram os cardeais. Quando a turnê foi transmitida na NBC norte-americana, as cenas da cruz foram substituídas pelas imagens do telão.

Madonna divulgou uma nota em seu site oficial para responder às críticas: "Há um momento no show onde três dos bailarinos compartilham experiências dolorosas de sua infância que finalmente superaram. A minha confissão segue e acontece em um crucifixo. Esta não é uma simulação de algo religioso. Não é diferente de uma pessoa utilizar uma cruz ou 'assumir' a cruz, como diz a Bíblia. Minha performance não é anticristã, sacrílega ou blasfema. Pelo contrário, é meu apelo ao público para encorajar as pessoas a ajudarem umas às outras e ver o mundo como um todo unificado. Eu acredito em meu coração que, se Jesus estivesse vivo hoje, ele estaria fazendo a mesma coisa".

A situação ficou terrível no final de 2006, quando a cantora se viu envolvida na mais cruel controvérsia de sua vida. Um fato que deveria ser um motivo de alegria tornou-se uma grande acusação da imprensa contra sua vida pessoal. Ao terminar sua turnê, Madonna viajou para o Malauí, na África, para buscar David, um bebê de onze meses cuja mãe havia morrido de Aids. Aproximadamente um ano antes, ela havia entrado com pedido de adoção oficialmente e finalmente David poderia morar com a Rainha do Pop. Ela salvou aquela criança da desnutrição e de várias doenças, mas a imprensa a via como traficante de bebês. A justificativa para tamanha crítica foi um comentário feito pela imprensa, segundo o qual, pelas leis do Malauí, pais adotivos deveriam morar por um ano no país, informação que foi desmentida por Madonna no programa de Oprah Winfrey: "Não existem leis no Malauí que regulam adoção internacional".

"Foi chocante o que vi quando cheguei a Londres com David. Estou desapontada porque isso desencoraja outras pessoas a fazerem o que eu fiz. Toda essa crítica contra mim neste momento é um desserviço que a mídia está fazendo para os órfãos da África", completou, chateada. Alguns meses depois, a adoção foi concretizada e Madonna voltou ao Malauí para buscar uma menina, Mercy. O caso foi esquecido pela imprensa e os filhos adotivos da cantora vivem uma vida feliz ao lado dos irmãos Rocco e Lola.

Fazendo moda

A melhor forma de ser diferente das outras pessoas é se vestir de forma inovadora, não é mesmo? Madonna sempre quis mostrar um estilo próprio; talvez por esta razão ela tenha se tornado uma das celebridades que mais criaram tendências no mundo da moda.

Desde pequena, inovava no uso do guarda-roupa. Usava calças apertadas de cores berrantes e trapos amarrados no cabelo ou nas pernas, cortava a malha e prendia com alfinetes de fralda. Bonito, não era. Mas ninguém fazia igual, e esse era o objetivo. "Quando eu era menina, adorava abrir o armário da minha mãe, vestir tudo o que conseguia e calçar os sapatos de salto. Cresci com três irmãos e um pai muito bruto e machão. Foi difícil para mim descobrir meu lado feminino, e o único caminho que encontrei para fazer isso foi a moda".[35]

Enquanto tentava a fama, ela já usava alguns "retalhos" diferentes de tudo o que uma pessoa nas mesmas condições usaria. Muita gente acredita que aquele jeito louco de se vestir fosse algo que tivesse saído da cabeça da jovem. Bem, mais ou menos. Basta uma busca no Google por imagens da banda punk The Slits para ver de onde veio a "inspiração". A vocalista Ari Up e a guitarrista Viv Albertine usavam pedaços de panos amarrados nos cabelos e lingeries por cima da roupa.

Não foi ela quem criou, mas foi quem popularizou. O sutiã, antes uma peça com pouco apuro estético, tornou-se mais sensual porque passou a aparecer por cima da roupa. Rendas entraram na moda. As mulheres finalmente passaram a usar brincos grandes sem serem tachadas de prostitutas. A maquiagem também ficou um pouco mais ousada,

---

[35] Mick St. Michael, *Madonna "Talking" – Madonna in Her Own Words.*

os crucifixos e as bijuterias compunham o visual de muitas meninas. Madonna mostrou que a mulher podia se vestir como quisesse e ser sensual sem ser vulgar. Para isso, teve ajuda de Maripol, uma desenhista de joias que trabalhou na grife Fiorucci, em Nova York. Maripol ajudou a dar uma característica específica ao visual dos seus primeiros anos de carreira e desenvolveu uma linha de mercadorias para a turnê. Na loja Maripolitan, vendeu toneladas de braceletes, crucifixos e tudo o que tinha a ver com o visual *boy toy* na época da *Virgin Tour*.

O visual que marcou o início da carreira de Madonna não durou muito. Foi substituído por algo mais sóbrio, sério, sem deixar de ser feminino e sensual. "Eu queria me limpar. Vejo minha nova imagem como muito inocente e feminina, sem adornos. Faz com que eu me sinta bem", conforme relatou ao *The New York Times*, em 1986. Os cabelos tingidos de loiro bem claro encorajaram muitas mulheres a fazer o mesmo – na década de 1980, pintar os cabelos de loiro não era uma prática muito comum. Em alguns momentos, ficou muito parecida com sua ídola do cinema, a musa Marilyn Monroe. Não demorou muito para que ela fosse chamada de "camaleoa" do pop: a cada aparição pública, exibia roupas e cabelos diferentes.

Em 1990, o estilista francês Jean Paul Gaultier criou um marco para a carreira de Madonna: o sutiã de cone. Claro que essa peça não se tornou popular a ponto de ser usada pelas mulheres nas ruas, mas é uma referência quando se fala na revolução que a Rainha do Pop causou. Outras cantoras aparecem atualmente com "versões" do sutiã – não dá para saber se trata-se de cópia ou de homenagem.

Madonna foi a primeira artista a surgir publicamente de *piercing* no nariz e no umbigo. Era 1995, e naquela época ela influenciava também por suas roupas mais elegantes, pela alta costura, barriguinha de fora e maquiagem escura. Mais tarde, adotou um visual místico, com *henna* nas mãos, cabelos longos e cacheados e uma pulseira/anel que, no Brasil, fez muito sucesso por ter sido mostrada em uma novela. Até o estilo country foi revitalizado por ela de uma forma chique e feminina.

Em 2005, com *Confessions on a Dance Floor*, a cor púrpura voltou à moda. Os cintos de paetês que foram vendidos em feiras também têm tudo a ver com a Rainha do Pop. Quando era fotografada indo para a academia, ajudou a divulgar um novo estilo: quando não estava com agasalhos da Adidas, usava camisetas e bonés Ed Hardy.

Ela participou de editoriais de moda, ajudou e foi ajudada por vários estilistas e grandes grifes, como o próprio Jean Paul Gaultier, Dolce & Gabbana (além de propagandas, lançou uma linha de óculos com a dupla de estilistas), Versace, Arianne Phillips, Stella McCartney, Louis Vuitton, entre outros, até que resolveu se tornar estilista. Em 2007, criou duas linhas de roupas e acessórios para a loja sueca H&M, uma mais esportiva e outra casual.

A Rainha do Pop deu incentivo, dinheiro e seu nome para que uma nova estilista se tornasse famosa: sua filha Lola lançou uma coleção de roupas para adolescentes, a Material Girl, vendida pela Macy's. Lola sempre foi louca por moda e gosta de criticar os vestidos da mãe.

De tudo um pouco

Empresária, estilista, escritora, cantora, atriz. Madonna nunca se limitou a fazer apenas uma coisa. Ela acredita que um artista completo faz de tudo um pouco.

Antes de qualquer outra coisa, Madonna é uma empreendedora. Basta reler os primeiros capítulos deste livro para confirmar a veracidade desta informação. Começou do nada e hoje tem milhões. Não tem vergonha de negociar, pedir, barganhar. Traçou um objetivo em longo prazo e soube manter o foco: queria ser famosa e, mais difícil ainda, manter-se famosa. Sabe a hora certa de agir, conhece sua "clientela" e é uma máquina de fazer marketing.

Análise feita pela revista *HSM Management*, que trata de empreendedorismo, mostra que Madonna sabia exatamente o que estava fazendo mesmo quando tomava atitudes polêmicas, como beijar Britney Spears e Christina Aguilera na boca. Ela sabe o que o público quer e, por isso, pode ousar um pouco mais. Ao publicar o livro *Sex*, uma de suas maiores ousadias, provocou a fúria da mídia e teve significativa perda de venda de discos, mas nem por isso deixou de ser famosa ou perdeu fãs. "Está claro que o sucesso de Madonna se fundamenta na profunda e perceptiva admiração de seus clientes e no entendimento do setor musical", concluiu a reportagem de capa da revista, em 2006.

"Outro importante elemento do sucesso de Madonna", completa a revista, "tem sido sua habilidade em conhecer as próprias competências e pontos fracos". Por isso, a cantora se cerca de talentos de várias áreas para completar suas deficiências. E está sempre de olho nas mudanças que ocorrem no mercado, conquistando, assim, novos fãs.

Em se tratando de marketing pessoal, é possível lembrar vários momentos em que Madonna utilizou bem essa ferramenta. Por exemplo, quando invadiu o espaço do DJ Mark Kamins, no Danceteria, para convencê-lo a tocar seu CD, quando enviou uma carta para Alan Parker dizendo que seria a melhor Evita Perón que ele poderia escolher ou quando convenceu os músicos do Abba a cederem os direitos da música "Gimme Gimme Gimme". Em suas polêmicas, também fez *marketing*. Sabia que, ao se pendurar em uma cruz com uma coroa de espinhos, chamaria atenção para seu show e, consequentemente, para a mensagem que queria transmitir. Aproveitou a proibição de seu vídeo "Justify My Love" na MTV para vendê-lo nas lojas. De um limão, fez várias limonadas. Soube gerenciar polêmicas como nenhum artista.

Claro que tudo isso tem seu lado negativo. Ela é acusada de fazer marketing a todo o momento, mesmo quando sai de casa para jantar ou quando vai ao Malauí adotar uma criança. "Para que fazer qualquer coisa se não tiver uma câmera filmando?", criticou seu então namorado Warren Beatty em *Na Cama com Madonna*: era como se nada tivesse sentido em sua vida se não fosse devidamente registrado e gravado.

Embora acompanhada por empresários, secretárias, assessoras e assistentes, a estrela sempre colocou a mão na massa quando a questão é dinheiro. Passa horas administrando posses e investimentos e tem, inclusive, fama de pão-dura. "Não vou comprar um vestido novo para Lola se eu sei que ela não precisa", falou, certa vez.

Em 1991, fez sua primeira grande renovação de contrato com a Sire/Warner, recebendo 5 milhões de dólares de adiantamento para cada um de seus próximos sete álbuns mais 20% dos lucros. Concorreu com Michael Jackson na categoria de artista mais empreendedor. Em 2007, assinou com a Live Nation um contrato que inclui álbuns, turnê, merchandising, fã-clube, web site, DVDs e filmes, totalizando 120 milhões de dólares em dez anos. Estima-se que seu patrimônio gira em torno de 600 milhões de dólares. É a cantora mais rica do mundo.

Madonna é dona da Boy Toy Inc. (responsável por seus videoclipes, merchandising e lançamentos em DVD), da Siren Films (produtora de vídeos) e da Slutco (produtora de cinema que foi incorporada pela Siren). Tem ainda a Webo Girl, para divulgação musical, e a Music Tours Inc., para contratos de apresentação ao vivo.

Em 1992, criou o selo musical Maverick, subsidiário da Warner Bros, com a intenção de buscar novos artistas. Ela não queria que o selo fosse apenas de gravação, mas que se dedicasse também à televisão, ao cinema, aos livros e outros. Com a Maverick, Madonna foi uma das primeiras artistas mulheres a ter um selo de gravação e uma das poucas mulheres a dirigir sua própria empresa no ramo do entretenimento. "Meu objetivo, é claro, é obter sucesso com a nova empresa, não sou uma dessas artistas idiotas que ganham um selo para parar de encher. Eu quis ter uma empresa de gravação. Então, não vou ser invisível ou simplesmente ter uma participação só na aparência. Não existe honra nem satisfação alguma em pavimentar o caminho para outra pessoa".[36]

Enquanto Madonna controlou a Maverick, ela rendeu cerca de 1 bilhão de dólares para a Warner Bros. Pelo selo passaram artistas como Alanis Morissette, Michelle Branch e Prodigy. Freddy DeMann, seu empresário até 1998, era presidente e sócio da Maverick e sua saída coincidiu com uma fase negativa do selo. A relação com a Warner foi ficando complicada até que, em 2004, a Maverick processou a

---

[36] J. Randy Taraborrelli, *Madonna, uma biografia íntima*, p. 292.

Warner alegando quebra de contrato e fraude. As empresas chegaram a um acordo e a Warner comprou a parte de Madonna. Guy Oseary, atual empresário da diva, assumiu sozinho a função de diretor-executivo.

Em 2010, cansada de dizer o que faz para manter a forma, criou uma rede mundial de academias, a Hard Candy Fitness. A primeira foi inaugurada no mesmo ano, na Cidade do México, com presença da própria, que até deu aulas de dança. Atualmente, há outras duas unidades na Rússia – em Moscou e São Petesburgo – e uma em Santiago, no Chile.

Em 2006, a Rainha do Pop criou uma instituição de caridade, a Raising Malawi, para ajudar as crianças do país africano. Madonna se apaixonou pelo Malauí depois de participar do *Live 8*, em 2005, grande show realizado para chamar a atenção das autoridades mundiais a respeito dos problemas da África. Foi Bob Geldof, organizador do evento, quem a apresentou aos países africanos. Madonna ficou encantada pelas crianças e chocada com a realidade de vida delas: muitas perderam a mãe, o pai ou ambos em razão da Aids e agonizavam nos orfanatos com doenças como tuberculose ou morriam de fome e falta de assistência.

A Raising Malawi ajuda as crianças por meio de assistência médica e dentária, escolas, orfanatos, jardins comunitários, inserção dos pais no mercado de trabalho, entre outros benefícios. Dentro do projeto existe o Success for Kids, que visa a incentivar talentos de crianças pobres. O Success for Kids tem atuação no Brasil, fazendo com que a diva pop viesse ao país algumas vezes para arrecadar fundos. Toda a renda de seus livros infantis foi para sustentar a entidade.

A ideia de escrever livros infantis surgiu pouco depois de seu polêmico livro *Sex*: em 1995, Madonna leu uma história para dormir durante a divulgação de seu CD *Bedtime Stories* em uma festa da MTV. A história era *Miss Spider's Tea Party*, escrita por Nicholas Callaway. "Por que você não escreve livros infantis?", perguntou Nicholas a Madonna.

Em 2002, recebeu a mesma sugestão de sua professora de cabala e achou que fosse uma boa hora para transmitir seu aprendizado para as crianças. "Ao ler à noite para meus filhos, percebi que as histórias são vazias. Elas não trazem nenhuma boa lição, são apenas sobre lindos príncipes que salvam as princesas. Ninguém pergunta a opinião das princesas e ninguém batalha por nada", justificou. Escreveu *As rosas inglesas*, inspirado nas amigas de escola de sua filha: Nicole, Amy, Charlote e Grace. As garotas são incentivadas por uma fada madrinha a serem gentis com Binah, uma menina que é rejeitada pelo grupo de amigas. Quando finalmente se tornam amigas de Binah, percebem o tempo que perderam. No ano seguinte, o livro foi publicado em trinta línguas e em mais de cem países. Foi o livro de mais rápida vendagem da história escrito por um autor infantil estreante.

Ela seguiu escrevendo. Lançou *As maçãs do sr. Peabody*, em 2003; *Yakov e os sete ladrões* e *Aventuras de Abdi*, em 2004; *Enrico de prata*, em 2005; e *As rosas inglesas II* e *Bom demais para ser verdade*, em 2006. Em 2007, lançou uma pequena coleção de *As rosas inglesas* com o objetivo de ser mais "interativo" – os leitores podiam escrever e desenhar nos livros. Todos tinham uma "lição de moral" e eram sempre inspirados pelos ensinamentos da cabala.

Entre suas atividades fora do mundo da música e do cinema estão duas peças de teatro. A primeira foi em 1988, *Speed-the-Plow*, de David Mamet, quando viveu a secretária Karen. As vendas antecipadas de ingressos superaram

1 milhão de dólares, novo recorde para uma peça na Broadway. Em 2002, voltou ao teatro para *Up for Grabs*, uma comédia que faz uma sátira sobre o mundo da arte. Ela interpreta uma negociadora de arte que utiliza modos sujos para aumentar o preço de suas obras.

Ainda na área artística, ela lançou *X-STaTIC PRO=CeSS*, um fascinante projeto fotográfico clicado por Steven Klein em 2002. Ela aproveitou as fotos, que passam longe de um editorial de moda e seguem para uma linha mais alternativa e conceitual, para divulgar sua turnê *Re-Invention* e fazer uma exposição de arte. Criou animações que foram avaliadas em 65 mil dólares e lançou um livro em edição limitada que, no Brasil, pode ser encontrado por 3 mil reais. A exposição esteve em Londres e em Berlin, em 2004, e, em 2006, foi para o Japão em um formato maior.

Madonna também se tornou estilista ao lançar uma linha de roupas para a empresa de moda sueca H&M em 2007. Primeiro, lançou agasalhos, uma moda bem esportiva, e promoveu suas peças ao sair com elas da academia, sendo fotografada quase diariamente por paparazzi. Também lançou óculos que não saíam de seu rosto e hoje são cobiçados pelos fãs, pois se esgotaram rapidamente nas lojas. Posteriormente, lançou outra coleção com roupas mais sérias, ideais para o trabalho. Chamada de *M By Madonna*, sua linha de roupas ficou pouquíssimo tempo nas lojas – os fãs não perdoaram nem os cabides expostos nas H&M de todo o mundo. Em 2010, lançou uma linha de óculos para a Dolce & Gabbana e patrocinou o primeiro trabalho de sua filha Lola: a coleção de roupas *Material Girl*, para a Macy's (leia mais em Fazendo Moda).

Não seria estranho se Madonna surgisse com outra atividade fora daquilo que já está acostumada a fazer. Ela não consegue ficar parada e tirar férias dos palcos e estúdios significa ir atrás de outros objetivos. Workaholic, raramente está mesmo de férias, descansando ou passeando. Por isso, vale lembrar uma entrevista que concedeu à VJ brasileira Marina Person em 2000. Quando Marina lhe desejou boa sorte em qualquer coisa que fosse fazer, seja cinema, música, teatro, Madonna completou: "jardinagem". Você consegue imaginar a Rainha do Pop como jardineira?

Que fascínio é esse?

10

Quando se fala em "fã", vem à mente a imagem de adolescentes fanáticas gritando por seus ídolos à porta de um hotel, ávidas por arrancarem fios de cabelo, daquelas que escrevem cartas com mais de cinco metros de comprimento cheias de "eu te amo".

As fãs de alguns grupos de música pop podem até ser assim. Alguns fãs de Madonna também. Mas, de maneira geral, quem acompanha a Rainha do Pop e se autodenomina "fã" já passou dos trinta e tem uma postura diferente em relação à sua ídola.

Boa parte de seus seguidores se juntou a ela nas décadas de 1980 e 1990 e permanece fiel até hoje. A forma de ser fã mudou. Se, naquela época, nós colecionávamos pôsteres e rezávamos para assistir a um videoclipe completo no *Fantástico*, hoje temos tudo fácil e acessível pela internet.

Ter um ídolo é algo que costuma ser passageiro. Geralmente, depois de um tempo, a atenção do fã se volta para outra coisa, seu ídolo deixa de ser famoso ou começa a fazer coisas que não interessam. Com Madonna é diferente. Seus seguidores são fiéis e podem até não concordar com algumas coisas que ela faz e não gostar delas, mas, no lançamento seguinte, veem-se envolvidos novamente com seu trabalho. Podem até passar algum tempo sem ouvir sequer uma música, mas não se esquecem dela e apoiam boa parte do que ela faz. Em uma conversa, defendem a ídola.

Quando me perguntam por que sou fã de Madonna, mil justificativas surgem em minha mente. Sei que muitas vezes não dá para entender por que uma pessoa com mais de trinta anos de idade pode dedicar boa parte de seu tempo e dinheiro para alguém que está tão distante e que nem sabe de nossa existência. Tornei-me fã aos onze anos, em 1990, quando ela lançou o sucesso "Vogue". Na época, fui atraída pela música, pelo videoclipe e pelos sucessos que ela já tinha lançado. Hoje, existem muitas outras razões que me fazem continuar fã, e acredito que muitos outros fãs pensam da mesma forma. Procurarei, então, falar em nome deles.

Para as mulheres, a justificativa é um pouco mais visível. É fácil se identificar com ela. Com suas roupas ousadas, Madonna mostrou ser normal se vestir de forma um pouco mais sensual sem ser vulgar. Mostrou que a mulher pode e deve ser independente como ela, ir atrás de seus objetivos, escolher com quem deve namorar, jamais ser submissa ao homem, dizer que tem vontade de transar, discutir o relacionamento (algo que os homens não gostam muito), se expressar. A mulher pode trabalhar, ser dona de sua vida, tomar opções que são decisivas. Madonna fez isso muitas vezes em sua juventude para ficar famosa e falou sobre isso nas letras de suas músicas. Em "Express Yourself", por exemplo, convocava as mulheres a se expressarem nos relacionamentos. Em "Papa don't Preach", mostrou que as jovens não precisam fazer aborto só porque seus pais ou namorados querem.

Também por meio de suas letras, mostrou a importância de ser uma pessoa forte e perseverante. "Eu posso conseguir sozinha", "eu nunca vou parar", "se você esperar muito, pode ser tarde", "você pode achar uma porta aberta mesmo se seu coração estiver partido", "eu não quero o caminho mais fácil, o que quero é trabalhar para isso", "uma coisa que não entendo é por que nós não ajudamos mais as pessoas", "eu sei que o amor vai nos mudar para sempre"... Suas canções de amor mostram uma mulher ao mesmo tempo apaixonada e forte, firme, que não se deixa entregar às fraquezas do coração e não se deixa enganar por quem não vale a pena.

Quando Madonna falou de sexualidade, boa parte de seus fãs estava justamente questionando este tema. O objetivo da musa era atenuar o tabu relacionado ao sexo. Os jovens estavam transando, por que não se poderia falar sobre isso? Não falar é uma forma de incentivar o surgimento de doenças como a Aids. Sexo precisa ser debatido, conversado, não apenas em sociedade e em família, mas entre o casal. Ela participou de vários eventos contra a Aids nos anos 1980, incentivou o uso de camisinha e fez questão de colocar em pauta a homossexualidade. "Não deveria importar quem você escolhe para amar", defendeu na música "In this Life", de 1992. Essa é outra razão para amar Madonna. Enquanto os críticos acham que ela só fala de sexo pelo prazer em si, nós, fãs, encontramos outra mensagem por trás de tudo isso. O livro *Sex* é só uma obra ficcional com belas fotos sensuais e fantasias. Quem não tem fantasias? Madonna é um ser humano como outro qualquer. Ela é um exemplo clássico de artista que cresceu junto com seus fãs.

Passada a fase da sexualidade, Madonna amadureceu e surgiu falando em espiritualidade na mesma época em que seus fãs também pensavam nisso. Muitos de seus seguidores podem até achar chata sua paixão pela cabala, mas é fato constatado que ela se tornou uma pessoa menos arrogante e egoísta, mais preocupada com o próximo. Criar uma fundação para cuidar de crianças na África e adotar dois bebês aumentou a paixão dos fãs por ela. A cantora sempre foi vista como uma pessoa que olhava somente para si, e essas atitudes refletem que ela aprendeu muito com sua carreira e, por que não dizer, com seus fãs.

O repertório musical de Madonna é outra razão para permanecer fã. Geralmente, os fãs dividem a carreira da diva em duas fases: até o álbum *Erotica* e a partir dele. A maioria prefere a primeira metade, quando ela fazia músicas mais dançantes, tinha uma voz mais "esganiçada" e foi uma máquina de fazer *hits*. Em ambas as fases, a Rainha do Pop tem músicas que emocionam, com letras que fazem refletir ou, pelo menos, divertir-se, dançar, esquecer-se da vida. Quando estamos tristes, colocamos um CD ou show da diva para assistir. Ser fã de Madonna é uma terapia.

O momento de êxtase para um fã dessa estrela é assistir a um show. Mesmo quem não gosta da cantora sabe que ela arrasa nos palcos. Ao vivo, ela transforma suas músicas de uma forma que não deixa ninguém ficar parado. Tem uma enorme presença de palco, prendendo nossa atenção a cada instante. Quando assiste a um show da Madonna, há quem brinque dizendo não reparar nos bailarinos, na troca de cenário ou em qualquer coisa que aconteça longe dela, pois os olhos a seguem o tempo todo.

Ainda não são razões suficientes? Tem mais. Madonna é uma mulher inteligente, poderosa, concede entrevistas falando dos mais variados assuntos, lê muito, informa-se sobre o que acontece no mundo, é politizada, tem grande poder de persuasão e Q. I. elevado (140 pontos!). É linda, esforça-se para manter a boa forma e exibir um visual sempre novo – mais um bom exemplo a se seguir. Não tem vergonha de dizer o que quer e de ir atrás de seus objetivos. E mais: ela não quer parar. "Posso escrever canções até os cem anos se essa for minha escolha."[37] E nós vamos junto.

Vida longa à Rainha do Pop.

---

[37] *Bizz*, edição 112, nov. 1994.

Referências

Livros

- ANDERSEN, Christopher. *Madonna, uma biografia não-autorizada*. Rio de Janeiro: Record, 1991.
- CICCONE, Christopher. *A vida com minha irmã Madonna*. Tradução de Carolina Caires Coelho. São Paulo: Planeta do Brasil, 2008.
- O'BRIEN, Lucy. *Madonna 50 anos.* Tradução de Inês Cardoso. Rio de Janeiro: Nova Fronteira, 2008.
- ROOKSBY, Rikky. *Madonna – The Complete Guide to Her Music.* London: Omnibus Press, 2004.
- ST. MICHAEL, Mick. *Madonna "Talking" – Madonna in Her Own Words.* London: Omnibus Press, 2004.
- TARABORRELLI, Randy. *Madonna, uma biografia íntima*. Tradução de Cássio de Arantes Leite. São Paulo: Globo, 2003.

Sites sobre Madonna

- absolumentmadonna.com
- allaboutmadonna.com
- estilomadonna.com.br
- likeapicture.altervista.org
- madonna.com
- madonna.photogallery.free.fr
- madonnalicious.com
- madonnanow.com.br
- madonna-online.ch
- madonnaonline.com.br
- madonnashots.com
- madonnatribe.com
- madonnaweb.com
- minsane.com.br

- news-of-madonna.com

Outros sites

- g1.com.br
- ifpi.org
- imdb.com
- macys.com
- news.bbc.co.uk
- r7.com.br
- raisingmalawi.com
- riaa.com
- time.com
- vh1.com
- wikipedia.org

Revistas

- *Billboard*
- *Bizz*
- *HSM Management*
- *Interview*
- *Q*
- *Rolling Stones*
- *ShowBizz*
- *The Face*
- *Time*
- *Veja*
- *Vogue*
- *W*